人が集まるチラシの作り方

実例でよくわかる！

坂田静香

まえがき

2003年からセミナーの企画を始め、今年で丸10年が経過しました。企画を始めた当初はまったく集客ができずに悩んでいたのですが、10年が経過した今では企画したセミナーに行列ができるという噂が広まりました。

そして、人様の前で、集客できる企画のコツや手にとってもらえるチラシ作りのノウハウを教えてほしいと、年間100回以上の講演依頼が舞い込むほどになりました。2007年には、講演内容をまとめた『人が集まる! 行列ができる! 講座、イベントの作り方』(講談社+α新書)を出版し、おかげさまで重版を続けています。

当時は結婚をしていたので、牟田静香の名前でしたが、その後離婚を経験し、現在では、坂田静香の名前で活動をしています。

本を出版してからさらに講演依頼が増えましたが、同時に、講演の参加者が何に悩んでいるのか、どうすれば集客できる企画やチラシが作れるようになるのか、という情報を集めてきました。そしてその後もセミナーを企画し続け、新たな切り口で集客できる方法を実践しながら研究を重ねてきました。

私の職場には、「このチラシを添削してください」「チラシの改善につながるアドバ

イスがほしい」という方がたくさんみえます。数年前は時間に余裕があったので、職場にいれば改善点などのアドバイスをしていました。しかし、あまりにもその要望が増えてしまい、本業の仕事ができなくなってしまったために、現在は有料でもよいという方のみ、チラシのアドバイスを行っています。そして本書では、私がこれまでため込んだ、すぐに役立つチラシ作りのノウハウをたっぷりお伝えします。

現在、私はNPO法人男女共同参画おおたの理事長であり、「大田区立男女平等推進センター（通称：エセナおおた）」のセンター長です。大田区から公立の施設を行政の代行という形で任されている指定管理者です。男女平等を推進する拠点施設として、また使命を果たすための手段として、数多くの市民向けのセミナーを企画しています。

そのほとんどで定員を上回る応募者があります。公共施設で、しかも男女共同参画という地味なテーマでなぜそんなに人を集められるのか、その秘密を教えてほしいと各方面からお呼びがかかるようになりました。

最初に書いておきますが、人集めは決して目的ではありません。人集めは手段です。私たちは伝えたいことがあるからセミナーを企画しています。したがって、参加してほしい人が、それも定員の数だけ集まらなければ、自分たちの目的が達成できな

| まえがき |

いことになります。セミナーに何人集まったかという「定員充足率」は、揺るがしがたい客観的評価となります。

えらそうに書きましたが、私だって最初から行列ができる企画を立てられたわけではありません。2003年に私が生まれて初めて企画した7回連続セミナーは、40人の定員に対し半分以下の16人しか集まりませんでした。しかもそのうちの6人はスタッフですから、純粋な参加者はたったの10人でした。回を重ねるごとに参加者が減っていき、最終回の参加者はたったの1人‼ 集客には失敗したけれども、講師も内容も素晴らしかったのです。

しかしどんなに素晴らしい講師をお呼びしても、またどんなに素晴らしい内容のものでも、参加者が少なければ、そのセミナーは失敗です。このセミナーで大失敗したあとも、1年間は定員割れの失敗セミナー続きでした。

その1年間で私が実行してきたことが2つあります。まずは、自分の失敗セミナーを分析することです。なぜ失敗したのかを分析し、次に企画するセミナーでは小さなことでもいいから改善することを心がけたのです。もう1つは、ほかの地域で人が集まったセミナーを調べ、真似をさせてもらいました。よその地域で集客できているのであれば、まったく同じセミナーを大田区で実施すれば人が集まると思ったのです。

しかし、単純に真似をしただけでは思うように集客はできませんでした。大田区版

にアレンジをして、大田区の地域性をプラスすることが大切だということに気がつきました。そんなに簡単なことではありませんでしたが、この２つを繰り返し実行していくことで、だんだん人が集まるようになったのです。

最初はマグレかもしれないと思っていたのですが、毎回、企画するセミナーが定員をオーバーするようになり、今度は集客できた企画と広報チラシをもとに、「なぜ定員オーバーを実現できたのか」を分析しました。その結果、人集めには３つの法則があることに気がついたのです。

私が企画するセミナーの目的は、「男女共同参画社会を実現するため」です。しかし、この「男女共同参画」という四角い６文字の漢字に興味を持っている市民は非常に少ない。男女共同参画という市民が興味のない目的を前面に出すと、人が集まらないのです。目的を出すと、目的が達成できないのです。そこで、企画書には「男女共同参画」という言葉を列挙しますが、市民が目にする広報チラシには使わないという広報戦略に変えたのです。「チラシには主催者の目的を前面に出さない」、これが１つめの法則です。

２つめの法則は「対象者を徹底的に絞る」ということです。年齢が違ったり、性別が違ったり、ライフスタイルが違うと、価値観や興味はまったく異なります。さらに

抱えている課題も異なります。特に、それらの課題を解決するようなセミナーを実現できれば確実に集客できるため、対象者が抱えている課題をしっかり把握し、対象者を絞って企画をすることが重要であるとわかりました。

ただこのように説明すると、税金を使ってあまねく市民に広報をしなければならない行政職員にとっては、対象者を絞ることは絶対に実施してはならない掟破りの手法として捉えられます。

しかし、万人が興味を持つテーマなんてあるのでしょうか？　年齢や性別、ライフスタイルによって、それぞれの価値観や興味、抱えている課題はまったく違います。さらに言葉づかい、読みやすいフォント（書体）、読みやすい文字の大きさ、申し込みやすい方法、広報媒体も年代や性別で大きく異なります。だからこそ、企画を立てるときにはどんな人に来てほしいのか、対象者を絞って対象者の興味や課題を把握することが重要なのです。

ただし、対象者を絞って企画を立てたとしても、広報物には「どなたでも参加できます」と書いてもいいのです。たとえ見せ方を「どなたでも参加できる」としても、対象者に合わせた企画を行うことによって、内容も対象者の興味に合わせて絞り込みができるし、参加しやすい開催日時も定まってきます。そのほうがより多くの人を集めることができ、人が集まるということは、こちらの思いを伝えることができるとい

うことにほかなりません。

3つめの法則は「タイトルにこだわる」ということです。タイトルは集客には重要な要素です。チラシなどの広報物で、もっとも大きな字で表現されるのがタイトルです。そのタイトルに興味がなければ、ほかは読まないと言っていいでしょう。タイトルは多少長いほうがよく、さらに具体的で、参加者にとってのメリットがわかるゴールの見える断定形のタイトルにすることが集客のコツです。この試行錯誤の結果、定員の300％を超える応募が来るようになったのです。

本書ではビジュアルで理解してもらえるよう、数多くのチラシを見せながら解説をしています。見やすいレイアウトや心をつかむキャッチコピーなど、チラシ作りに役立つ情報が満載です。合わせてセミナーや講座の企画の参考にしていただければ幸いです。私の10年間の集大成を余すところなくお伝えします。企画と広報のバイブルとして、常に傍らにおいていただけると幸いです。

2013年10月

坂田静香

もくじ

まえがき 3

第一章 チラシを変えるだけで集客できるのか？

人が集まらない理由の言い訳トップ3 14
人集めができない理由は明らか 19
同じセミナーなのに、チラシでこれだけの差が！ 20
チラシを変えて集客できるのは、企画がよいから 26
人気企画との抱き合わせや、連続講座の1コマに入れ込む 27
集客チラシと啓発チラシの違い 30
ネット時代でも紙のチラシは効果的 31

第二章 集客力アップ！ チラシ作りのツボ

その① 対象者の立場に立つ 34

まずは企画ありき 34
チラシ作成には、他人目線の客観性が重要 38

- 参加者にとって必要な情報を目立たせる　41
- ターゲットと内容に合ったフォント選びを心がける　43
- 最初にチラシを見る人は誰か？　44
  - ●「楽しそう、おもしろそう」と思わせる　●パパ向けのチラシはママ目線で
- 参加したいと思わせる仕掛けを　53
  - ●チラシを大胆に変える　●お祭りは、思いっきり楽しさを強調する！　●「有償」はウリになる
- タイムリーな内容を盛り込む　62

その② 響くタイトル、言葉の選び方　64

- タイトルはチラシの肝　64
  - ●ゴールの見えるタイトル　●ハードルを下げたタイトル　●業界の裏話が聞きたい
  - ●タイトルは明るく前向きな表現を　●地域のニーズを生かしたタイトルで、ばっちり集客
  - ●目的を前面に出すより、当事者の立場に
- 心に響くキャッチフレーズとは　84
  - ●誰もが知っている○○を強調する
  - ●固有名詞よりも実績を強調する　●「限定」を強調する
  - ●日ごろから言葉をストックして、磨く努力をする　●言葉にリズム感を持たせる　●受講者の生の声は伝わりやすい
- 専門用語や認知率の低いカタカナ語はNG　95
  - ●なじみのある言葉を　●浸透していない言葉は小さく　●違う言葉に換えて表現する
  - ●対象世代が興味を持つ言葉を

数字の表現の仕方で印象が変わる 102

その③ 見せる（魅せる）レイアウトにするために 105

レイアウトの原則 105

ウリを目立たせるレイアウトの工夫 107
- タイトルは何よりも大きく
- お客様が知りたい内容を大きくする
- ゴールの見せ方を誤らない
- イベント整理は枠で囲む
- 浸透していない言葉は小さく

ウリは箇条書きで3つ！ 122
- 中高年女性を集客できる5つの企画
- 対象者にとってのメリットを目立たせる
- ウリを文章化しても読んでもらえない

チラシの雰囲気を変える効果 131

第三章 これだけは押さえたい！ さらに集客力アップの肝

定員はどうやって決めるのか 136
先着順ではなく、抽選にする 138
ポスターとチラシの違い 139
上司を説得する力を身につける 141
企画は複数で考えたほうが、アイデアはふくらむ 142

セミナー後のアンケート分析をしっかり行う 144

1人でも多く集客するために（Q&A） 145

Q チラシの色は何色が目立ちますか？
Q 講師の写真を入れるのは効果的ですか？
Q 1日中行うお祭りなど、対象者が絞れないイベントのチラシはどうすればよいですか？
Q どのくらい前から広報を開始すれば効果的ですか？
Q チラシに入れるのは写真とイラスト、どちらが効果的ですか？
Q 今考えている講座のタイトルが思い浮かばないのですが、何かいいタイトルはないですか？
Q 連続講座を企画するときのアドバイスをお願いします
Q チラシはどんなソフトを使って作っていますか？
Q 手書きのチラシは手にとってもらえるでしょうか？

講師を選ぶとき 148

巻末
ひと目でわかる「チラシ作り」のポイント 154
ひと目でわかる「企画・運営」のポイント 155

あとがき 156

装丁・本文デザイン・DTP／TenTen Graphics

第一章

チラシを変えるだけで集客できるのか？

人が集まらないセミナーの言い訳トップ3

人集めが苦手な組織は、言い訳がとっても上手です。講演を依頼されるようになり、日本全国すべての都道府県に招かれましたが、北に行っても南に行っても同じ言い訳を耳にします。ここでは、企画者に多い言い訳トップ3を発表します。

第3位「天気が悪かった」

第3位は「天気が悪かった」です。確かに天気に左右される場合もあるため、今でも講演の日は雨が降らなければいいなと思いますが、すべて天気が原因かというと、そうではない場合のほうが多いものです。逆に、快晴の日には「天気がよすぎて、セミナーをさぼって遊びにいった」と言い訳をします。雨でも曇りでも晴れていても「天気が悪い」と言います。

そして、翌年も同じセミナーを企画し、別の天気だとしても天気が原因で集客できなかったと言い訳をします。悪いのは自分たちではないと思っているため、反省も改善もしません。天気以外の原因を探り、次の企画で改善をしない限り、人が集まるよりよいセミナーはできません。

第2位「市民の意識が低いから」

第2位は「市民の意識が低い」です。「うちの市民は民度が低い」などと言う人もいます。食育

| 第一章 | チラシを変えるだけで集客できるのか？

👑 第1位　開き直り

第1位は、それぞれの立場で異なりますが、まとめていうと「開き直り」です。どんな開き直りかというと、まず「こんな素晴らしい講師の話を聞かないほうが悪い」です。この言い訳は自分たちの首を絞めてしまうため、決して言わないことです。素晴らしいことがわかっていれば、誰だってセミナーに参加するはずです。その素晴らしさを事前に告知ができなかった主催者側の責任だと、気づかなければいけません。

また、公民館職員に多い開き直りは、「人が来なくても私たちは正しいことをしているのだか

ら」や人権、教育問題、男女共同参画、環境問題、防災、まちづくりなど意識改革を促すセミナーを開催しても、人がさっぱり集まらないという場合に多く用いられる言い訳が大嫌いです。自分のほうが市民よりも格が上だと勘違いしている人が使う言い訳です。私はこの言い訳

そもそも意識改革を促すセミナーは、「意識が高い」人に参加してほしいのではありません。どもの組織でいえば「男女共同参画」という漢字を「だんじょきょうどうさんが」と読むような、日々の生活の中でほとんど何の意識もせずに過ごしているような「意識を持っていない」人にこそ、セミナーに参加して明日からの意識や行動を変えてほしいのです。そうでないと社会は変わりません。意識を持っていない人に参加してもらうためには、いったいどういう企画でどういったキャッチコピーで、どこに広報をすべきか、それを考えなければいけないはずです。

ら、いつかは報われる」です。残念ながら今の時代、税金を使ったセミナーで集客ができなければ、好むと好まざるとにかかわらず仕分けの対象になります。数年前から事業の「自己評価制度」を導入しました。導入にあたってNPO法人全国女性会館協議会の桜井陽子理事長の研修を受け、まずは事業評価の意義や必要性を理解し、ミッションの再確認をし、その上で数値化された事業評価基準を作成し、事業の改善につなげています。他人に任せるのではなく、実施した事業を自ら評価し、仕分けも行っています。桜井理事長の言葉で印象に残っているのが、「男女共同参画を進めることは国も自治体も認めてはいるが、今問われているのは、その効果と効率である」です。これは私たちの組織だけに当てはまることではありません。

「いいことをやっているのだからいつかは報われる」などという幻想は捨てましょう。

最近は保健師さんや看護師さん向けの広報研修の講師として依頼されることも多くなりました。理由は簡単です。医療費削減のために介護予防教室や健康セミナーなどを実施していますが、集客に苦労しているからです。そして保健師さんのように資格を持った専門職の方に多い開き直りが、「専門職だから企画には向いていないし、チラシ作りのセンスがない」です。自分で「企画に向いていない」と開き直ってしまうと、いつまでたってもよい企画はできません。仕事としてセミナーを企画しているのですから、向き・不向きではなく、どれだけ前向きにその仕事に取り組んだのか、その結果だと思います。専門職センスは努力次第で企画には磨かれますし、

であることを言い訳にするのはやめましょう。

税金を利用して無料セミナーを企画したけれど、集客ができなかった場合は、「人が来ないからこそ税金で行う意義がある」と開き直ります。行政の方だけではなく、税金を使って行う事業だからこそ人を集めているNPOや公益財団もよく使っている言い訳です。税金を使って行う事業だからこそ人を集めようと考えて、あらゆる工夫をすべきです。

そして、「人さえ来ればよいというものではない」と言う方もいらっしゃいます。もちろんそのとおりです。行列ができたとしても、主催者側の思いが伝わらなければセミナーを実施した意味がありません。この言葉を私は何度となく言ったことがあります。人は集まったけれど、期待するようなアンケート結果ではなかったときです。心の底から「人さえ来ればいいってもんじゃないなぁ」という言葉が自然と出てきます。ただし、この言い訳をする人に限って、定員割れのセミナーを繰り返している人が多いのです。集客できるセミナーを企画してもいないのに「人さえ来ればよいというものではない」などと言うこと自体が、私から言わせれば単なる負け惜しみです。そんな負け惜しみはやめたほうがよいでしょう。

あげくの果てに、「やることに意義がある」と開き直る人がいます。「やること」は目的ではなく手段です。もちろん人集めも手段です。伝えたいことがあるからセミナーや講演会を企画しているので、聞いてくれる聴衆がいなければその企画は失敗です。なぜ失敗したのかを分析し、反省して、次の企画で「改善」をし、「継続」することはとても意義あることだと思っています。常

に改善することを忘れないでください。

番外編 地域性

私が東京在住というだけで、「どうせ東京の話でしょ。東京とは地域性が違う」と言う方もいらっしゃいます。東京23区内で講演したときも、「大田区とは地域性が違う」とアンケートに書かれてしまったこともあります。

確かに地域性は異なりますが、東京よりも優れている部分はあるはずです。自然に代表される地域資源、その地域を愛する住民が数多くいるなどの人的資源等々、その土地にしかない社会資源をどう生かすかを考えてください。本書は、私が東京都大田区で経験した事例を中心に紹介しています。しかも男女共同参画セミナーの事例が主です。その成功事例を知って、皆様方が住んでいる地域特性をプラスし、そこの地域版にアレンジをしてください。地域性は決して言い訳にするものではなく、生かすものであることを肝に銘じてください。

また、「文化が違う」と言い訳をする人もいますが、文化はその土地の住人がつくりあげていくものです。昔と今でも文化は違うし、若者と高齢者の文化も違います。文化は自らの手でつくりあげることができます。

以前、120万人近くの人口を誇る山陽の政令指定都市の方と話をしたときのことです。「大田区70万の人口と比べると倍近くの市民がいるので、工夫さえすればもっと集客ができますよ」と

人集めができない理由は明らか

人集めができない理由は簡単です。自分自身の企画力が不足していて、広報PR戦略がまちがっているからです。それだけのことです。自分たちに原因があることを自覚しない限り、いつまでも前年度に定員割れをした失敗企画を日付だけ変えて作り直すという怠慢なことを行います。失敗セミナーの真似をしても、当然失敗です。

そんな無駄なことはもうやめませんか。この企画は前年度惨敗したという事実があるのであれば、企画そのものを変えて、対象者を絞って、タイトルも工夫し、レイアウトもチラシデザインも変えて、新たに戦略を練ってください。それを実行しない限り非常に失敗で終わってしまいます。

前年成功した企画は翌年も同じ企画で同じようなチラシで日付を変えるだけでも集客はできると思います。ただし、成功事例の真似をしてよいのは、成功事例だけです。たかだか3年程度しか続きません。数年たってだんだん人の入りが悪くなってきたら、時代に合わせてニーズを

お話ししたところ、「大田区とは面積が違いますから」と言い訳をされてしまいました。どこまでもいろんな言い訳ができるんだなぁと、ある意味感心しました。しかし言い訳をしたところで、参加者が増えるわけではありません。言い訳探しに時間をかけるという非生産的なことはすぐにやめて、1人でも参加者が増えるような「企画」そのものに時間をかけたほうが生産的です。

つかんだ企画に変えていく必要があります。

同じセミナーなのに、チラシでこれだけの差が！

2006年ごろから「人が集まる企画」および「手にとってもらえる広報チラシ」をテーマにした講演依頼が相次ぐようになり、講演参加者からメールなどでご自身が作成したチラシのアドバイスを求められるようになりました。

チラシのアドバイスを希望されたとき、私が必ずする質問が2つあります。

まず「ターゲットは誰ですか？」です。

「ターゲットなんていません。どんな人にも参加してほしいです」と答えられると、「集客はあきらめたほうがよいですよ」と速攻で答えます。私の経験上、誰もが興味を持つテーマで、どんな年代の人も参加したい企画なんてあるわけがないと思っているからです。

女性向けか男性向けか、若者向けか高齢者向けか、ファミリー向けか等々、参加してほしい人の性別や年齢などを絞って企画したほうが、集客できます。人それぞれ価値観や興味、抱えている課題が異なるからです。チラシに「どなたでも参加できます」と謳うのはかまいませんが、企画の段階で対象者を絞って、どういう人に参加をしてほしいのかを企画者が決めていることが重要です。

第一章　チラシを変えるだけで集客できるのか？

対象者を絞っていれば、次の質問をします。

「この企画のウリはなんですか？」または「このセミナーを受講すると、受講者はどんなメリットがありますか？」と。

メリットがわからないという人も多いのですが、漠然と「勉強になる」だけでは、受講者にとってのメリットとは言えません。なぜ人がセミナーに参加するかというと、「社会のため」ではなく「自分のため」です。より具体的な受講者のメリットを企画者が答えられることが重要です。

ただし、この質問にスラスラと答えることができたとしても、そのウリやメリットがチラシで目立っていないと、効果が半減します。メリットやウリを数行にもわたって長々とチラシに載せたとしても、読んでくれる確率はとても低いと思ったほうがよいでしょう。

チラシは「読ませるチラシ」ではなく、「見せる（魅せる）チラシ」を作ったほうがよいのです。そのため、そのウリがタイトルで表現されているとよいです。タイトルに入れ込むことが困難であれば、ウリを箇条書きにして大きな文字で表現するとよいでしょう（詳しくは122ページ参照）。

チラシを作成する際には、まずはこの２つの質問に即答できるかどうか、そしてウリがチラシで目立っているかどうかを確認するようにしてください。

それでは具体例をご覧ください。次ページは、あるNPO法人の担当者が作ったチラシについて相談を受けたときのものです。

After

【外務省 後援】異文化交流セミナー

おやこde体験！

世界の言葉が話せる感動！

言葉の持つメロディやリズムを利用して、数カ国の外国語が身につく三原則をお話します。語学の習得だけではなく、柔軟なコミュニケーション能力や人間力、他者との共生力が身につくコツも同時にお話します。国際社会を生き抜く子どもに育てるためにも、子どもも親も一緒に楽しめる場所としてでも、ぜひ一度セミナーにご参加ください。目からウロコの語学習得術が聞けますよ。

誰でも話せる3原則！　子どもと一緒に成長できる！　外国人とふれあえる！

2月26日（木） 10:00〜12:00
2月27日（金） 10:00〜12:00
● 会場：西宮市消費生活センター　第1会議室

3月7日（土） 14:00〜16:00
● 会場：宝塚市立男女共同参画センター「エル」学習室1

● 参加費：**無料**　　● 託児あり（事前にお申込ください）
● 申込方法：上記3日間のうち、都合のよい日を選んで、電話・E-Mailで事前にお申し込みください。

【主催・申し込み先】NPO法人 ●●●●●●●●●
TEL：0120-●●●-●●●
E-Mail：●●●●●●●●●

 検索

【後援】外務省・西宮市教育委員会・宝塚市教育委員会

作成した方に、いつものように2つの質問をしたところ、ターゲットは親子であり、ウリも外国語を話せることや外国人とのコミュニケーションなど、明確な答えが返ってきました。ただし、実際のチラシではターゲットもウリもまったく目立っていませんでした。企画そのものにニーズがなければ、残念ながらどんなにチラシを工夫しても集客は無理です。しかし話を聞くうちに「チラシの見せ方を変えればイケルかも！」と思ったのです。企画のウリをさらに根掘り葉掘り聞き出した上で、チラシのレイアウトを変えて、イラストを変えて、キャッチコピーも変えました。

最初のチラシは紙面を使いすぎていて、見るところが分散してしまっています。「世界をつなぐ多言語で！　〜多言語（ことば）で育むわたしたちの未来〜」というキャッチコピーも主催者側の思いを伝えただけで、受講者のメリットは明確ではありません。そもそも「多言語」という言い方そのものを、もっと一般的な言い回しに変えたほうがわかりやすいと思いました。

このチラシでは思うように集客ができなかったことを踏まえ、キャッチコピーは1週間ほどかけて考え、デザインをがらっと作り変えました。

それが左のチラシです。

キャッチコピーは「おやこde体験！　世界の言葉が話せる感動！」にしました。「多言語」というわかりにくい言葉は用いず、リズム感のある七五調の言葉でまとめました。「外務省　後援」をうつように目立たせ、世界の国旗をイラストとして使い、中央部分には箇条書きで企画の3つのウリを目立つように配置しました。この企画のウリをはっきり言えるかどうかで、集客力が変わります。そ

して、そのウリは主催者のメリットではなく、参加者のメリットだということを忘れてはいけません。企画は同じでも、キャッチコピー、レイアウト、イラスト、文章に至るまで見せ方をすべて変えました。

チラシを変えた結果、今までの倍以上の集客があったそうです。

私は通常チラシを作り変えることまではしていません。理由は、私が作り変えてしまうと私が作ったチラシから抜け出せなくなり、依頼者は工夫をしなくなるからです。チラシを作り変えた当初は集客できたとしても、同じ企画であればだんだん集客数が減ってきます。数年に一度は企画の見直しやチラシの見直しを実行する必要がありますが、それをやらなくなって、あくまでも口頭で改善点をアドバイスし、依頼者自身にチラシを作り変えてもらうようにしています。それは今でも変わっていません。しかしこのチラシアドバイスの依頼者に関しては、そうは思えませんでした。これだけ熱意があるのだからきっと工夫をするだろうと思い、本来やっていないキャッチコピーを考え、チラシもていねいに作り変えることをしました。

その後、私が思ったとおり、私が作り変えたチラシを組織で協議をして、さらによりよいものに変えていったのです。今回この本の執筆をするにあたり、チラシの掲載許可をお願いしたところ快諾してくださり、今ではキャッチコピーも「世界の言葉が話せる感動」から「世界に通じる力を育てる」に変えて、いまだに集客をし続けているということもお聞きしました。現状維持ではなく、よりよいものを追求し進化し続ける方が私は大好きです。

チラシを変えて集客できるのは、企画がよいから

このケースで、訂正した後のチラシで集客ができたのは、企画そのものにニーズがあったからです。企画そのものにニーズがなければ、どんなにチラシを作り変えても集客することは不可能です。

この本の内容をチラシ中心にした理由は、チラシが原因で集客ができないと思い込んでいる人があまりにも多いからです。いろいろな方がこぞってチラシのアドバイスを求めて私のところにいらっしゃいます。

けれども、集客ができないのはチラシが原因ではなく、企画そのものが原因だということも少なくありません。私が何度も「チラシの良し悪しではなく、まずは企画ありきです」と話しても、チラシを作り変えたらきっと集客できるはず！ と淡い期待を持っている方が多いため、それならばチラシを中心とした本を書こうと思いました。

現に、私が講演を始めたころのタイトルは「行列のできる講座の作り方」だったのですが、今では「行列のできる講座とチラシの作り方」にしています。後者のタイトルのほうが、私の講演に集客できることに気がついたからです。そこにニーズがあることを発見しました。

しかし何度も書きますが、チラシを作り変えて集客ができるのは、企画にニーズがあるときだけです。私がどんなにチラシを作り変えたとしても、お金をかけてフルカラーで分厚い用紙を使っ

たとしても、企画そのものにニーズがなければ集客することはできません。ちょっとしたチラシのテクニックで多少人数が増えることはありますが、定員に達するまではいかないでしょう。チラシを作成する前に、まずは企画そのものにニーズがあるかどうか、しっかりマーケティングをしてから臨んでください。

人気企画との抱き合わせや、連続講座の1コマに入れ込む

そうはいっても、行政には市民ニーズがあるなしにかかわらず、社会問題の解決策として税金を投入して実施しなければならない事業が多々あります。公共団体が行うセミナーは営利目的ではないため、市民ニーズがあるものだけで事業を行うわけにはいきません。

私どもが事業を行う場合、目的を前面に出さない広報も行いますが、それ以外に、ニーズがあまりなさそうな企画を抱き合わせにするということも行います。

たとえば、子育てママ向けの連続セミナーの1コマにDV（ドメスティックバイオレンス）の理解を深めるテーマを入れたり、メディア・リテラシー（メディアの情報を読み解く能力）を入れたりします。

このように単独の講演では集客が難しいテーマの場合でも、連続セミナーの1コマに入れ込むというのもひとつの工夫です。

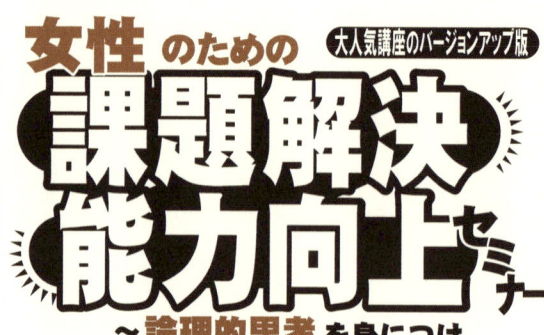

女性のための課題解決能力向上セミナー
大人気講座のバージョンアップ版

〜論理的思考を身につけ発言する力をアップさせる〜

論理的に物事を考え、相手に伝わる話し方になりたいと思いませんか?目の前にある問題を見つけ、それを解決する能力は訓練と経験を重ねることで確実に身につけることができます。このセミナーは実践を通して発言するチカラを身につけ、女性の視点で課題発見や解決提案ができることを目的としています。PTAやサークル活動などにも応用できます。ぜひご参加ください。

●日時 5/16(月)〜6/27,7/11(月) 10:00〜12:00
7/2(土) 14:00〜16:00 (全9回)
5月16日〜6月27日の毎週月曜日、7月11日(月)10時〜12時および7月2日(土)14時〜16時 全9回連続講座です。
●場所 大田区立男女平等推進センター「エセナおおた」 ●参加費 1,000円(資料代)
●定員 大田区在住・在勤の女性25人(抽選)
保育つき:1歳以上未就学児 15名。保育料 1回 600円
●講師 (昨年受講者に大好評だった評判の講師にお願いしました)
発言力を身につけるならこの方に…庄嶋孝広さん(市民社会パートナーズ代表)
苦手な数字もコツをつかんで理解度アップ…中野洋恵さん(国立女性教育会館)ほか

■■■ 講座内容 ■■■

回	日程	テーマ
1	5/16 (月) 10時〜12時	発言力① 〜まずは発言する力、伝わる会話力を身につける〜
2	5/23 (月) 10時〜12時	発言力② 〜自分の考えをグループワークでプレゼンする〜
3	5/30 (月) 10時〜12時	知識はチカラ① 〜公平観・平等観を身につける〜
4	6/6 (月) 10時〜12時	知識はチカラ② 〜データを読み解く力をつける〜
5	6/13 (月) 10時〜12時	知識はチカラ③ 〜学んだ知識をいかして発言力に磨きをかける〜
6	6/20 (月) 10時〜12時	論理的思考で総合力を鍛える!
7	6/27 (月) 10時〜12時	実践!ロジカルに議論する
8	7/2 (土) 14時〜16時	【公開】フォーラム講演会
9	7/11 (月) 10時〜12時	【まとめ】身につけたチカラの活かし方

＊8回目の7/2は曜日と時間が異なりますので注意してください。

右ページは、2011年に私どもが実施した9回連続講座のチラシです。25人の定員に対し68人の応募がありました。その下がチラシ裏面に載せた講座内容です。8回めだけ曜日と時間帯が変わっています。

もともと「エセナフォーラム」の一環で行われる防災講演会をこの連続講座の1コマに入れ込みました。そのため、チラシでは「フォーラム講演会」となっています。ちょうど東日本大震災の年であり、講談師の神田織音さんをお招きして、オリジナルの創作講談で女性の視点での防災・震災を語っていただきました。いつ起こるかわからない災害に対して、若い女性に防災意識を高めてもらいたくて連続講座に組み込んだのです。

防災講演会のみであれば参加しなかったと思われますが、応募が多い人気講座に抽選で受講でき、さらに回を重ねるごとに知識を吸収し意識が高まっていくため、参加者は防災講演会でも真剣に受講していました。最終回では講演会の振り返りも行うことができ、女性の視点で防災を研究する自主グループまでできあがりました。これは私も予想外でした。期待以上の効果があった講座でした。

しかし、この手法は高度なテクニックが必要です。まず、人が集まる連続講座を企画しなければなりません。人気講座だからこそ、当選者に「9回すべてに参加できなければ辞退してください」と言うことができます。辞退者が出たら落選者を繰り上げ当選とします。そうやって出席率をキープし、講座の効果を上げるように工夫をしています。

集客チラシと啓発チラシの違い

連続講座の企画は確かに難しいですが、企画とタイトル次第でどうにでもできます。大勢の人数を集める講演会は著名人の名前で集まるケースが多いですが、費用の割に効果は薄いと思っています。たった一度の講演会で、どれだけの人が主催者側の趣旨を理解できるかは疑問です。それよりも少人数でじっくり学びを深めていくほうが効果的だと考えています。連続講座で集客ができるようになれば、さまざまな工夫が可能になります。ぜひ挑戦してください。

行政の方はセミナーや講演会で人を集める「集客チラシ」と、条例や法律・ルールが変わったことなどをお知らせする「啓発チラシ」の2種類のチラシを作ることがとても多いです。どちらも原則は同じで、やはり対象者を決めているかどうかで決まります。結果が見えるのはもちろん集客チラシです。講演会に100人集まった、20人しか来なかったなど、数値化できるからです。一方、啓発チラシはどのくらいの市民が手にとってくれたのか、理解してくれたのかは数値化が難しいため、改善するポイントがつかみにくいのです。しかし、集客チラシも啓発チラシも同じように考えたほうがよいと思っています。

たとえばある自治体で、役所の窓口業務を土日や平日の夜間に拡大するというチラシを作っていました。タイトルは「市役所の窓口改定のお知らせ」でした。まずこのタイトルからしてダメ

ダメです。

土日や夜に役所が開いていてもっともメリットがあるのは、平日昼間に役所に行けない会社員などです。そのことを踏まえれば、「会社員の方必見！ 土日に公的書類を受け取れます」や「平日忙しいあなたへ！ 休日に役所が開いています」「会社帰りに、カンタン手続き」など、メリットがひと目でわかるタイトルにしなければなりません。さらに結婚をしていれば配偶者が平日に役所に出向くことが可能ですが、独身だとそうはいかないため、私だったらもっと絞り込んで、働いている独身者に向けてチラシを作成します。男性社員向け、女性社員向けなど2種類作ることも考えるでしょう。

誰に何を伝えたいのかをきっちり把握することが、何よりも大切です。

ネット時代でも紙のチラシは効果的

ネットの時代に紙媒体のチラシがどこまで通用するのか、という質問をよく受けます。確かにメルマガやブログだけで集客している方もいますが、そういう方はその業界で有名だから何万人という読者が登録してくれます。有名人でなければ、自分の文章が多くの方に読まれるというのは、極めて稀です。運よく検索用語でヒットして、たまたま読んでくれる程度でしょう。

これからセミナーを企画する、もしくは企画したセミナーの宣伝をしたいという方は、さまざ

まな広報ツールを使ってください。私は広報ツールに万能なものはないと思っています。やってみなければわからないのが広報です。年代によってネットを見てくれる人もいれば、チラシを見てくれた人もいます。また口コミで広がった場合もあります。

その中で、すぐに手渡しができ、セミナーの内容をひと目で把握できる紙のチラシはまだまだ有効だと思っています。チラシは手元にあればわざわざパソコンを立ち上げなくてもよいし、いつでもどこでも内容を見ることができるのです。

では前置きはこれくらいにして、次章では具体的な実例をあげて、人を集めるチラシの作り方を解説をしていきます。

第二章

集客力アップ！チラシ作りのツボ

その① 対象者の立場に立つ

まずは企画ありき

この章からは、チラシを作るために必要な実践的な内容を綴っていきます。ただし繰り返しになりますが、その前にしっかりとした企画を立てることが必要です。私どもの組織でセミナーを企画する場合、企画の目的・狙いを明確にし、費用対効果も考えましょう。企画書に必ず入れる項目は、セミナータイトル、目的、参加者（ターゲット）、定員、申込方法・締切日、講師名・プロフィール、必要経費、広報宣伝方法、そして連続セミナーであれば各回のテーマ・内容です。

特に何のためにセミナーを行うのか、その目的と実施後の効果はしっかり明記する必要があります。企画が通れば、次は広報宣伝活動を行わなければなりません。どんなに企画がよくても、多くの方に知らせなければ人集めはできません。逆に何千枚もチラシをまいて広報しても、企画が悪ければ人集めはできません。企画と広報は掛け算です。どちらかがゼロであれば、結果はゼロになってしまいます。企画も広報もどちらにも力を注ぐように心がけてください。

37ページは、婚活を目的とした募集チラシです。これは、とあるJAからアドバイスを依頼さ

れたものです。対象者は道内の独身女性と独身農業青年でしたが、女性の参加がまったくなかったそうです。私は次のようにアドバイスしました。

お世話になります。チラシアドバイスにご応募くださりありがとうございます。

婚活ブームでもありますし、出会い系のイベントに関しては、JAのみならず自治体でも少子化対策の一環で実施しているところが多いです。

まず、1泊2日、宿泊費食事代込みで1000円というのは安すぎます。女性の参加が少なかったということですが、まず安いことが原因だと思います。そんなに安いと、いったいどういう宿泊先だろうとか、食事はおいしいのかなとか不安になります。また宿泊のほうが確かに仲良くはなるとは思いますが、いきなり「宿泊」というのは尻込みする女性も多いのではないでしょうか？

自治体で人が集まった事例として、東北地方の「独身男女の卓球大会」、北関東の「ケイドロ大会（警察とドロボーの略。鬼ごっこみたいなもの）」、関東の「夜の動物園見学」があります。近ごろは気軽にできる「ランチ合コン」などもあります。成功した事例はどれも目的ではなく、実施する内容を大きく書いているところです。今回いただいたチラシは「大地に奏でよう！ラブストーリープロジェクト」となっており、出会い系を前面に出しすぎています。まずは「旅」を強調し、網走・知床の名所をもっとアピールしたほう

がよいでしょう。「観光マップにはない地元だから知っているあのお店！ あの場所！ をご案内」などのキャッチコピーのほうが行きたくなります。また食事も重要です。すてきな場所とおいしい食事があれば女性は参加すると思います。

できれば宿泊ではなく、まずは日帰りのイベントから始めたほうが気軽に参加ができるので、集客につながると思います。どうしても「宿泊」ということであれば、値段設定を変えてはいかがでしょうか。また女性は友達を誘う傾向がありますので、多くの女性に参加してほしいのであれば、参加費をもっと高くして、複数名の申し込みだとちょっと安くなるとしたほうがよいでしょう。「1人8000円で、2人で申し込むと1人7000円になります！」などのように。そのほうが友達を誘いやすくなります。

婚活ブームにのった企画なので、ニーズはあると思います。ちょっとした工夫で女性は参加すると思いますよ。がんばってください。

ここ数年、少子化対策として自治体が独身男女の出会いを提供するイベントを行っている自治体のみならず、JAや青年会議所も婚活イベントを行っていますが、女性を集客できているところは少ないようです。その原因は、男性の視点で女性の気持ちをあまり考えずに、一方的に企画することが多いからのような気がします。企画会議では、ぜひ女性を加えて当事者の意見を取り入れるようにしてください。

第二章 | 集客力アップ！ チラシ作りのツボ

大地に奏でよう！
～LOVE STORY～プロジェクト

参加者募集！

網走・知床方面！
農業青年との交流ツアー開催！！
皆さんの参加をお待ちしております

参加条件
女性　道内在住で、20歳から40歳までの独身女性
男性　20歳以上の独身農業青年

日　程　平成22年7月17日(土)～18日(日)1泊2日

1日目	12:00 JR網走駅集合→12:10 JA◯◯◯◯本所着→昼食(参加者紹介)→さくらんぼ狩り→市内観光→夕食交流会(網走市内宿泊)
2日目	9:00ホテル出発→知床観光(昼食)→16:30頃解散予定(前日集合場所にて)

※自家用車にて参加される方については、12:10 JA◯◯◯◯本所集合となります。
※気象条件等により、内容を変更する場合がございますのであらかじめご了承願います。

負担金　１，０００円(宿泊費食事代込み)
※尚、集合場所までの交通費実費の半額を助成します。

募集締切　平成２２年７月８日(木)

お申込み方法　参加希望者は、別紙申込書に住所、氏名、年齢、電話番号、プロジェクトに対するあなたの思いを明記の上、下記連絡先まで郵送、FAXまたは、メールにてお申込ください。

問合せ・申込み
農業協同組合　営農課
〒◯◯◯-◯◯◯◯
TEL ◯◯◯(◯◯)◯◯◯◯　FAX ◯◯◯(◯◯)◯◯◯◯
e-mail：◯◯◯◯◯◯◯◯◯◯◯
ホームページもご覧下さい！　[検索]　http://ja-◯◯◯◯◯.or.jp/

企画／◯◯◯◯◯農業協同組合
協力・後援／◯◯◯◯◯農業協同組合青年部・◯◯市農政推進協議会・◯◯市

チラシ作成には、他人目線の客観性が重要

企画のよさを伝えて「行ってみたい、参加してみたい」と思わせるプロモーションツールの1つがチラシです。「行ってみたい」と思わせるためには、企画書に書いた内容をすべてチラシに載せればいいというものではありません。セミナーチラシの最大の目的は集客です（あくまでもセミナーの目的ではなく、セミナーチラシの目的です）。そのポイントは、「読ませるチラシ」ではなく、「見せる（魅せる）チラシ」を作ることです。そして、市民が普段使っているわかりやすい言葉で伝えることです。

以前、関東の自治体の保健師さんの研修講師として招かれた際、参加者が作成した広報チラシにアドバイスを求められました。そのチラシは市民にがん検診を促す内容でしたが、「がん」ではなく「悪性新生物」と書かれていました。そこで私は「悪性新生物ではなく、わかりやすくがんと書いたほうがよいですよ」とアドバイスをしたのですが、「坂田さん、がんというのは悪性新生物の一種で……」と説明が始まりました。

確かにそれは正しい情報かもしれませんが、医療関係者の間でしか通じない専門用語です。私の周りでがんのことを悪性新生物と言う人は1人もいません。市民が普段の生活で使わない専門用語を載せたとしても、興味を示してくれません。しかし、まじめな人ほど正しい情報を正確に伝えなければと考え、かえって市民には伝わらないという結果になりがちです。

また、東北の生協さんに招かれた際、休憩時間にチラシのアドバイスを求められました。そのチラシのタイトルは「共同購入について」でした。まだ生協を利用していない方への共同購入のよさを伝える宣伝目的のチラシです。

「〇〇について」というタイトル自体ゴールが見えず、すべてを読まないとメリットがわからないため、ダメダメタイトルの典型なのですが、それよりも私は「共同購入」という言葉にひっかかりました。そこで、「すでに生協を利用している方にはなじみのある言葉でしょうが、そうではない方にとってその言葉は専門用語です。わかりやすい言葉に変えたほうがよいですよ」とアドバイスをしました。

すると、その方はにっこりしながら「坂田さんは東京の方だからご存じないのです。地元の人は誰でも共同購入の意味はわかります」と言われました。しかし、私たちの会話を隣で聞いていた地元のお仲間が、「そんなことないわ。共同購入という言葉を使っているのは生協の人だけよ」と突っ込んだのです。私にアドバイスを求めた当人がもっとも驚いていました。

男女共同参画だと「エンパワーメント」、公立図書館だと「巡回図書」等々、業界ごとに使用する専門用語があります。半径5メートル以内の仲間うちにしか通じない言葉を共通言語と勘違いしないためには、できるだけ社外の人と接し、自分が普段使っている言葉の中に専門用語があることを気づくことが大切です。

かつて、山陰地方のある市で、「若年層に家賃の補助をします」というタイトルのチラシを見つ

けました。市街地に若者を呼び込む行政施策の1つです。しかしよくよく読んでみると、小さな字で「35歳以下のカップル」と書いてありました。この「若年層」という表現はくせものです。40代の私からすると35歳は確かに若年層ですが、実際に35歳までの方が自分たちを若年層と思っているかどうか極めて疑問です。おそらく30代の方は、自分より年下の20代を「若年層」と考えるでしょう。

また、以前「若い女性のための健康講演会」というタイトルで参加者を募集している記事を大田区の広報紙で見つけました。通常、人気のあるセミナーであれば広報紙発行日に申し込みが殺到しますが、これは発行1週間で申し込みは1人、しかも60代の女性からだったそうです。「若年層」も「若い」も同じですが、人によって想定する年代が異なる言葉は用いないほうがいでしょう。「35歳まで限定」や「20〜30代女性のための」のように年代が理解できる表現に変えたほうがよいと思います。

さらに都内で見つけた「青少年限定」と書かれたチラシには、「対象者：39歳以下」と載っていました。30代を青少年と思う人がいったいどの程度いるでしょうか？ そもそも「青少年」という言葉も今はほとんど使われなくなっています。客観性を身につけておかなければひとりよがりのチラシを作ってしまうという事例です。

参加者にとって必要な情報を目立たせる

まず、チラシを作るときの流れを説明します。

❶ **チラシを手にとってほしいターゲットを絞る**
（ターゲットによって文字の大きさや言葉づかい、色づかい、フォントがまったく異なります）

❷ **ターゲットに響くタイトル、キャッチフレーズを決める**
（タイトルは多少長くてもよいので、ゴールの見える断定形がよいでしょう）

❸ **ターゲットに響くイラスト、リード文を準備する**
（ビジュアルで訴えるにはイラストは重要です。リード文とは、セミナーの概要や企画者の思いが表現できる部分です）

❹ **手にとってもらえるレイアウトを工夫する**
（イラストや文字の配置を考え、読みやすくします）

❺ **フォントやデザインを工夫し、バランスのとれたチラシにする**

私はチラシをパソコンで作る前に、イメージ図を手書きで描く場合が多いです。その手書きのイメージどおりにパソコンで作っています。

自らがデザインし、印刷も自前で行うような場合、チラシは両面を使用しましょう。印刷業者に依頼する場合はコストがかかってしまいますが、自前であれば多少手間がかかる程度です。表面には参加者にとって必要な情報を載せ、裏面には詳細情報を載せます。たとえば会場までの地図や申込方法は、裏に載せます。申込方法が裏面にしか載っていなければ、申し込みたい人は裏面を読みます。

どうせ裏面は読んでくれないのだからと、表面にすべての情報を載せようとすると、表は文字だらけのチラシになるため注意が必要です。

一般の人がチラシを手にとったときにまず見るところが、タイトルです。タイトルはもっとも字が大きいですし、目立つ場所にレイアウトされているからです。そのタイトルに興味がなければ、あとは読んでくれないでしょう。

少しでも興味がある場合、次に見るのが日時、会場です。「何が」「いつ」「どこで」行われるのかというのは、いちばん気になるところです。そのほか、連続講座であれば回数、参加費、定員と続きます。

行政が行う講座やイベントは無料が当たり前だから、参加費を省略してチラシに書かないという人がいますが、「無料」は参加者にとってメリットですので、当たり前と思わずにていねいに書いたほうがよいと思います。

ターゲットと内容に合ったフォント選びを心がける

ターゲットを絞ることができれば、まずフォントが変わってきます。

通常使っているパソコンには数多くのフォントが標準装備されているにもかかわらず、みなさん同じようなフォントを多用しています。しかし、よく見かける雑誌や看板、ポスターなどは、内容のイメージに合ったフォントを使用しています。雑誌などを参考に企画内容とターゲットに合うフォントを選択するよう心がけましょう。

私はチラシ作りの参考にするため、全国に講演に行くたびにさまざまな手作りのチラシを集めています。それらのチラシで使用されているフォントは、8割がた「ポップ体」です。角が丸くて優しい印象を与え、さらに文字が太いため「目立つはずだ」と思い込んでいる人が多いようです。

「ポップ体」はバーゲンセールの値段表で使用されることが多く、「楽しい」「親しみやすい」とイメージが刷り込まれています。

親子セミナーや子ども向けのイベントなど、楽しさを強調させたい内容には向いていますが、まじめな内容のチラシには不向きです。それに多くの人が好んでポップ体を使っているため、数多くのチラシが並んでいるチラシラックの中では目立ちません。ほかのチラシよりも目立たせるためにはポップ体を極力避け、内容に合ったフォントを使用することをおススメします。

最初にチラシを見る人は誰か？

「楽しそう、おもしろそう」と思わせる

46〜47ページのチラシは、JAから依頼があり、アドバイスしたものです。右は最初にJAが作ったもの、左は私が作り変えたものです。

まず、誰がいちばん最初にチラシを手にするのかを考えることは、集客するための重要なポイントです。

最初のチラシから推測すると、この企画は小学校で申し込みを受け付け、各小学校からJAに送る形になっています。ということは、最初にこのチラシを手にとるのは子どもたちです。このチラシを見た子どもたちが、「行ってみたい！」と思えるようなチラシを作ることが大切です。

私が企画する講座で人が集まったときは、いつも受講動機を聞くようにしています。受講動機で多いベスト3が、「自分にとって役立つから」「おもしろそう、楽しそうだから」「仲間ができるかもしれない」です。

その中で、お祭りなどのイベントものは、「楽しそうだったから」という受講動機がもっとも多いのです。今回のクリスマスのイベントのように、親子で参加できる季節もののイベントなどは、とにかく「楽しそう、おもしろそう」と思わせる紙面づくりがポイントです。

クリスマス料理なので、クリスマスのイラストは必ず入れて、フォントもポップ体を使うと、

楽しげな雰囲気を出すことができます。子ども目線で、「ゲキうま」などの省略系の言葉を吹き出しで使うと効果的です。

一方、参加を促すための広報チラシなので、「食農」など子どもが興味のない言葉は使わないほうがよいでしょう。さらにリード文の1行目にある、「平素は農協事業に格別のご協力を賜り、誠にありがとうございます」という文章も、子ども向けには必要ありません。何をするのかがわかるようなタイトルとイラストで、このチラシを見た子どもたちが釘付けになるような紙面にすることが大事です。

料理に関する企画は、必ずメニューを載せたほうがよいでしょう。「クリスマス料理」と謳っているのですから、申し込みの決め手はやはりメニューです。最初のチラシには残念ながらメニューが載っていません。持ち物はしっかり載っていますが、肝心の「何を作るのか」が載っていないのです。

せっかく親子でクリスマス料理を作るイベントなので、子どもが喜びそうなメニューを載せてあげると行ってみたくなります。「伝統の郷土料理を教えたい」「食育の大切さを伝えたい」からといって、まちがっても子どもに人気のないメニューは目立たせてはいけません。

それこそ主催者側の自己満足で終わる可能性があります。自己満足チラシでは人が集まらないため、チラシの役割を果たすことはできません。

Before

|特別企画|

親子で食農クッキング　クリスマス料理に挑戦
☆楽しく作ってパーティを盛り上げよう☆

　平素は農協事業に格別のご協力を賜り、誠にありがとうございます。
　さて今回JAでは「親子で食農！クリスマス料理に挑戦」と題してクッキングフェスタを企画いたしました。奮ってお申込ください。尚勝手ながらお申込みは先着順とさせていただきます。

記

開催日　平成21年12月12日（土）　午前9：00～13：00
場　所　社会福祉協議会○○○○ホール　調理室にて
参加費　300円／一人　当日会場で申し受けます。
　　　　　　　先着30名　（1テーブル6名）
期　日　11月13日（金）までに、各小学校かJA営農センターまでお申込ください。
　　　　　　　　（定員になり次第、受付終了）
持ち物　エプロン・ふきん・三角巾・タオル・お持ち帰り用のタッパー等（必要な方）

お問い合わせ先：TEL　○○○－○○○○
　　　　　　　　FAX：○○○－○○○○　　JA○○○○○○○○○○

以上

各小学校→JA○○○○○営農センター　行き

親子で食農クッキング　クリスマス料理

申　込　書			
氏名	住所	電話	年齢
（親）	■町	自宅・携帯	
（子）	番地		
（親）	■町	自宅・携帯	
（子）	番地		

申込期日11月13日（金）

いただいた情報の使用目的は以下の通りです。
① 業務遂行に必要な範囲で行う関係団体、提携企業への提供
② JA○○○○○が提供する商品、サービルに関する各種の情報のご提供

（小学校）受付日	JA受付

第二章 集客力アップ！ チラシ作りのツボ

After

ゲキうま 親子でつくろ！クリスマス料理

今回JAでは、「親子でつくろ！ゲキうまクリスマス料理」と題して、親子で楽しめるクッキングフェスタを企画しました。親子でわいわい、クリスマス料理を覚えて、クリスマスパーティを盛り上げましょう！ふるってお申込ください。

とき 平成21年 12月12日（土）9:00～13:00

ところ 社会福祉協議会　　　　　ホール

メニュー 何を作るかは必ず書きましょう。いくつかメニューがある中で、子どもが喜ぶメニューを目立つように大きく書いてください。

参加費 ひとり300円（当日会場で申し受けます）

定員 申込先着30人（定員になり次第締め切ります）

申込 11月13日（金）までに各小学校かJA営農センターまでお申込ください。

持ち物 エプロン・ふきん・三角巾・タオル・お持ち帰り用タッパー等（必要な方）

お問合せ先　電話　　　　　　FAX
　　　　　JA　　　営農センター

パパ向けのチラシはママ目線で

次ページのセミナー「パパの手で作る赤ちゃんのハッピータイム」は、2013年に「エセナおおた」で実施したものです。15組の定員に対して、65組の応募がありました。このセミナーの目的は、男性の育児参画とワーク・ライフ・バランス（仕事と生活の調和）の浸透です。しかし、どこの自治体の担当者も男性を集客することほど困難なことはないと嘆いています。

働き盛りの男性にセミナー参加を促すポイントが3つあります。まずは、子どもとセットにすることです。国立女性教育会館が実施した子育てに関する国際比較調査によると、日本の父親の4割以上は「子どもといる時間が短い」ことに悩んでいると答えています。これはほかの国と比較すると、もっとも高い数値でした。

悩んでいることが解決できる講座であれば、集客は可能です。しかし、子どもとセットにしたとしても、女性ばかりの中に男性は自分ひとりというのは居心地が悪いものです。したがって、参加者はパパがメインだと謳ったほうが、集客できます。つまり、「パパ限定」にする、もしくは「パパのための」という言葉が目立つチラシにすること、これが2つめ。

そして3つめ。この種のチラシは妻が発見して持ち帰るケースが多いため、妻の賛同が得られる企画で、さらに女性が手にとりやすいデザインにするということです。そこで、ママが好むようにかわいらしいデザインとイラストを使い、全体的にやわらかく丸いイメージで作成しました。ママが出向くような場所にチラシを置くこともポイントです。

第二章　集客力アップ！　チラシ作りのツボ

土日が休みの会社員が多いため、日曜日の午前中に開催することをおススメします。日曜の午前中に講座が終われば、そのまま午後は家族でお出かけができます。金曜日の夜遅くまで働いている会社員にとっては、土曜の午前のセミナーはしんどいと思います。

65組の中からキャンセルや欠席を見越して抽選で20組を選びましたが、事前のキャンセルもなく出席率は89％でした。

初回で受講動機を各自発表してもらったところ、3分の2のパパが「妻から半強制的に行くように言われた」という答えでした。ほとんど妻もいっしょに親子3人で来館します。しかし、セミナーの目的を達成したければ、その会場に妻を入れないことです。妻がそばにいると、子どもが泣き出したらすぐに妻に渡してしまいます。自分が抱っこしたから泣き出したと思っている男性が多いからです。妻がいなければ

【パパの手で作る　赤ちゃんのハッピータイム♪】
人気のベビーダンスとベビーマッサージでイクメンデビュー

4/14(日)　4/28(日)　5/12(日)
隔週日曜　全3回　10:00～12:00

● 会　　場：大田区立男女平等推進センター「エセナおおた」（地図は裏面）
● 対 象 者：生後2カ月からハイハイまでの第一子の赤ちゃんと父親
　　　　　　（全3回出席できる方優先）
● 定　　員：15組（申込多数の場合は抽選）　参加費　無料
● 申込方法：E-Mail または FAX で「エセナおおた」へ（詳細は裏面参照）
● 申込締切：3月28日（木）必着

【主催】大田区立男女平等推進センター「エセナおおた」

なぜ泣いているのかを考え、行動をします。子どもとパパのふたりだけの空間を作ることは、パパが育児に自信を持つきっかけになります。ママには、別室で育児に関するビデオ鑑賞やディスカッションなど、別のプログラムを用意しています。ママのプログラムのアンケートを見ると、「同じ年の子を持つママ同士の話し合いがとてもよかった」「みんな同じように悩んでいることがわかってほっとした」など、大変好評で「こういうプログラムがあることを最初からチラシで宣伝してほしい」とリクエストされたほどです。

ところで、セミナーの開催時期は４月が狙い目です。以前、１１月に同じ講座を企画したときの応募は、３７組でした。４月に実施したところ、倍増したのです。それだけ急にイクメンが増えたというわけではありません。応募が増えた理由は、年度初めである４月に実施したからです。なぜかというと担当者が異動するかもしれない、予算が確定していないかもしれないなどの大人の事情があるからです。６月以降に計画を立て始めて、秋ごろにどこの施設もセミナーが集中して開催され、「他機関の講座と重なっていたから集客できなかった」と言い訳をします。そうであれば、重ならない時期に実施すればよいだけです。ＮＰＯ法人も年に一度の総会が５月あたりにせまっているため、その準備で忙しくてセミナーを実施できないことが多々あります。

しかし市民の立場からすると、年度初めの４月に新しいことを始めたいと考え、情報を探している市民がいるのに、肝心の情報がないのです。情報を探している人がとても多いのです。私たちは

ほかの団体が実施しない時期に事業を計画します。4月にセミナーを行うと、確実に集客できることが多いからです。もし事情が許すのであれば、4月にセミナーを行うことをおススメします。

イクメン講座は、子どもの年齢によって分けて開催をしています。子どもの年齢が同じ悩みを共有でき、お互い共感できることが多いためです。共通の話題があると、打ち解けるのも早くなります。先ほどの「パパの手で作る赤ちゃんのハッピータイム」は生後2か月～ハイハイまでの第一子と父親が対象です。

52ページの右のチラシ、「おとうさんといっしょ」は、3歳以下の未就園児と男性の保護者が対象です。2007年に実施したもので、25組の定員に対し73組の申し込みがありました。ちょうどNHKの「おかあさんといっしょ」を見ている子どもと保護者をターゲットにしています。チラシのデザインも、NHKの「おかあさんといっしょ」のホームページを見ながら似せて作りました。

2013年からイクメンを応援するためのテレビ番組、「おとうさんといっしょ」が始まりましたが、私たちは2007年から同じタイトルで開催していました。内容は、子どもが喜ぶ遊びを教えたり、子どもとの接し方を学んだりするものです。イベントの途中で子どもたちは保育スタッフが預かり、パパたちは別室で育児やワーク・ライフ・バランスについてディスカッションをします。自分以外のパパがどういう子育てや働き方、家族との関わり方をしているのかとても参考になるようで、ディスカッションはパパたちから大好評です。

左は、「おとうさんといっしょ」のデザインを参考にした、小学生とパパを対象とした「パパとキッズのチャレンジ大作戦」のチラシです。こちらは2011年に実施しました。

材料費が3000円以上かかりますが、15組の定員に41組の応募がありました。ゲームに夢中の子どもたちが好むような「ミッション」や「チャレンジ」などの言葉を入れ、自由研究の宿題にも使えるよう、2回めに工作を入れました。「夏休みだヨ！」のデザインは往年のテレビ番組「8時だヨ！全員集合」を参考にしました。若いスタッフからは「坂田さん、ちょっと古くないですか」と言われましたが、小学生の父親であれば私の年齢と近いと思い、このまま採用しました。

また、「キッズ」という言葉は小学校低学年のイメージですが、高学年を対象としたければ「ジュニア」という言い方のほうが理解されやすいでしょう。ターゲットによって言葉づかいも微妙に変わってきます。

参加したいと思わせる仕掛けを

チラシを大胆に変える

54〜55ページは、ある社会福祉協議会のチラシを作り変えたものです。最初のチラシを作ったのは20代の男性、「高齢者向けのチラシだから、文字をすべて大きくしました」と言っていました。

若い人が中高年〜高齢者向けのチラシを作成する場合、確かに老眼だから大きい字のほうが見やすいはずだと、ついやってしまいがちな失敗です。すべての文字が太く大きくて逆にメリハリがなくなり、必要な情報が埋もれてしまっています。対象者にとって必要な情報は何か、優先順位をつけながら優先順位の高いのはほかより大きく、また目につくフォントを選ぶことが大切です。

チラシを改善する場合、タイトルを大きくすること、参加者にとって必要な情報を目立たせることは大原則です。

その原則どおりに作り変えたのがデザインAです。タイトルを大きくし、日時や問い合わせの電話番号を大きくしました。これでチラシを手にとってもらえる確率は上がりましたが、これだけでは集客力は以前のチラシとあまり変わらないでしょう。

チラシを作り変える場合、ただ単にタイトルを大きくしただけで満足してはいけません。参加してほしいターゲットに、どのような誘い文句だと手にとってもらえるのか、逆に手にとっても

54

◣ デザインA ◢

第29回
シルバースポーツ大会
参加者募集

高齢者との交流と健康増進を目的として、今年もシルバースポーツ大会を開催します。申込方法など詳細は、下記のとおりとなりますのでよろしくお願いします。

- 日　時　**6月9日(土)10時～15時30分**
- 場　所　●●市立総合体育館　第1スポーツホール
  【住所】●●市88-1　*車での来場はご遠慮ください。
- 対象者　市内在住で60歳以上の老人クラブ未加入者
  ＊老人クラブ加入者は、クラブ単位の参加となるため、老人クラブ会長にご確認ください。
- 競技内容　6チームに分かれて複数の競技（輪投げ、大玉送り、玉入れ等）と楽しみ、順位を競う。
  ＊一人が参加できるのは3種目まで。チームごとに表彰あり
- 持ち物　室内用運動靴、昼食、水筒など　＊動きやすい服装で
- 申込方法　電話または直接、総合福祉センター3階事務所までお申し込みください。
- 申込期間　4月20日（金）～5月11日（金）

●申し込み・問合せ先●
●●市社会福祉協議会福祉サービス課
☎ 00-000-0

◣ Before ◢

第29回シルバースポーツ大会
参加者募集

高齢者の交流と健康増進を目的として、今年もシルバースポーツ大会を開催します。申込方法などの詳細は、下記のとおりとなりますのでよろしくお願いします。

1　日　時　6月9日(土)　10時～15時30分　※ 雨天決行
2　場　所　●●●●●●●●　第1スポーツホール
　　　　　※車での来場不可　（所在地）　市東寺方588-1
3　対　象　市内在住で60歳以上の老人クラブ未加入者
　　　　　※ 老人クラブ加入者は、クラブ単位の参加となるため、老人クラブ会長にご確認下さい。
4　競技内容　6チームに分かれて複数の競技（輪投げ・大玉送り・玉入れ等）を楽しみ、順位を競う。
　　　　　※ 一人が参加できるのは1～3種目
　　　　　※ 全競技終了後、チームごとに表彰有
5　持ち物　室内用運動靴、昼食、水筒など　運動しやすい服装
6　申込方法　4月20日(金)～5月11日(金)までに、電話または直接、総合福祉センター3階事務室までお申し込み下さい。
　　　　　※ 受付時間は、月～土曜日午前8時30分～午後5時
7　申込・　●●社会福祉協議会福祉サービス課高齢者支援係
　　問合せ先　電話　●●●-●●●●
　　　　　（●●●-●●●●3階事務室直通）

デザインB

60代からの
いきいきスポーツ大会

参加者大募集

恒例の「いきいきスポーツ大会」が今年も開催されます。簡単で、参加者全員が楽しめる競技をチーム対抗で行ないます。皆様の参加をお待ちしております。

- **日時**　**6月9日(土) 10時～15時30分**
- **場所**　●●市立総合体育館　第1スポーツホール
  - 【住所】●●市88-1 ＊車での来場はご遠慮ください。
- **対象者**　市内在住で60歳以上の老人クラブ未加入者
  - ＊老人クラブ加入者は、クラブ単位の参加となるため、老人クラブ会長にご確認ください。
- **競技内容**　輪投げ、大玉送り、玉入れ等
  - ＊チームに分かれて順位を競います。
- **持ち物**　室内用運動靴、昼食、水筒など　＊動きやすい服装で
- **申込方法**　電話または直接、総合福祉センター3回事務所までお申し込みください。
- **申込期間**　4月20日（金）～5月11日（金）

●申し込み・問合せ先●

●●市社会福祉協議会福祉サービス課高齢者支援係

☎ **00-000-0307**

らえないのかを考えた上で内容を見極め、改訂していくことをおススメします。

まず、このチラシの対象者は「60歳以上の老人クラブ未加入者」です。まだ老人クラブには入りたくない、自分はまだまだ若いと思っている60代の方に手にとってほしいのであれば、まず大会名に「シルバー」を入れたり、リード文に「高齢者」を入れたりするのはやめたほうがよいでしょう。64ページから紹介する「おひとりさまの老後」のチラシのときにも説明しますが、60代は見た目も気持ちもとっても若いので、ターゲットが好まない言葉は使わないことが肝心です。

「第29回」も余計です。この開催回数をチラシに載せてもいいのは、単に主催者側の自己満足の場合が多いです。記念すべき100回などきりのいい数字であれば載せても参加者にとってはどうでもよいことです。中途半端な数字を載せるのは、単に主催者側の自己満足の場合が多いです。

また、見せるチラシを作るために、ひと目見てわかるイラストも入れましょう。参加者にとって必要な情報を目立たせること、および参加者の立場に立ったチラシの改訂を心がけると、デザインBのようなチラシになります。タイトルは、「60代からのいきいきスポーツ大会」にしました。60代以上の人がこのチラシを見て自分を誘っている内容だと理解し、手にとってくれることを期待して作ったタイトルです。バックには運動会風に横断幕のイラストを配置しました。リード文では「高齢者」という言葉を削除し、「参加者全員が楽しめる競技」などの文言を入れています。

チラシを作り変えるときは、ここまで大胆に変えたほうがよいでしょう。

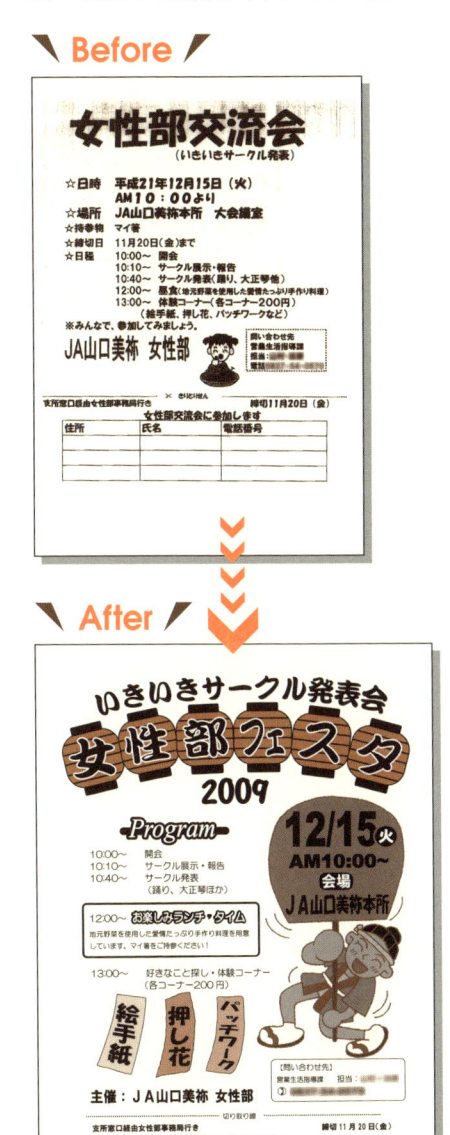

第二章 集客力アップ！ チラシ作りのツボ

お祭りは、思いっきり楽しさを強調する！

左にあげたのは、JAの女性部交流会のチラシです。上のチラシが修正前、下は私が作り変えたものです。

最初のチラシを作成した方によると、このチラシは、女性部活動をしていない人に参加を促すチラシだそうです。企画目的は、これまで女性部活動をしていない方に楽しい時間を過ごしてもらいたい、および情報交換をしてもらいたい、ということでした。対象者は絞られているし、目的も明確です。しかし新規の人たちの参加を促すチラシであれば、タイトルはもっと楽しげなも

のにしたほうがよいでしょう。漢字が続くとカタイ印象を与えてしまいます。また、「交流」という言葉は、すでに活動をしている方のため、と思われてしまうので、敷居が高く感じます。そこで私は「女性部フェスタ」としました。

新規の方に参加を促すチラシであれば、単に時系列に内容を並べるのではなく、情報に強弱をつけ、メリハリのあるチラシにすることが大事です。言葉も「昼食」ではなく、「お楽しみランチタイム」に変えました。「地元野菜を使用した愛情たっぷり手作り料理」の部分については、普段から料理をしている女性が対象なので、もっとレシピに凝ったほうがいいのかなと感じました。たとえば「いつもの地元野菜がこんな料理に変身！目からウロコの○○料理（レシピ付き）」などのほうが、女性は行ってみたくなると思います。またランチの部分だけを枠で囲むことによって、より目立たせることができます。

終日かけて行うお祭りやイベントの場合、どういうイメージにするかを最初に決めると、チラシが作りやすくなります。私は「和風のお祭り」をイメージしたチラシを作ろうと考えました。「和風」と決めてしまうと、イラスト探しやフォント選びも短時間でできます。イラストは和のイメージが出るような人物のものを探し、フォントは歌舞伎の看板やうどん屋さんの看板やのれんで多く使われている「勘亭流」にしました。このフォントは、お蕎麦屋さんやうどん屋さんの看板やのれんで多く使われているフォントなので、何気なく町を歩きながら、知らず知らずのうちに私たちの中に「和風」というイメージが刷

り込まれているのです。左は２０１２年に実施した、「エセナおおた」の利用サークルのお祭り「エセナフェスタ」のチラシです。

１日で多くの人に来てもらいたいお祭りでは、やはりそのイベントの「ウリ」をいかに目立たせるか、ということです。たとえば、バザーが毎年人気があるのなら、「お宝発見！ 行列必至のバザー」など大きく載せるとよいです。し、若いファミリーの参加を増やしたいとなれば、模擬店などの食べ物を目立たせるとよいでしょう。

しかし、すでにそのお祭りが地域で認知されている場合

は、イベント名と日時をお知らせすることに徹したほうがよいでしょう。「いつものあのお祭りがこの日にあるんだ」ということを地域の方に知ってもらうチラシを作りましょう。

「エセナフェスタ」は歴史が長いため、9月末から10月初旬にかけて実施されることが広く地元に知れわたっています。そのため、①イベント名、②日時、③会場をメインにチラシを作成しました。

そして、「エセナフェスタを彩る主役たち」と題して、参加してくださるサークル名を表面に載せています。参加団体は1年間の成果を知り合いに見てもらいたいと考え、宣伝をします。表紙に団体名を載せることによって、集客したい団体はまず表紙を見せて宣伝すると思ったからです。

「有償」はウリになる

次ページのチラシは、社会福祉協議会から依頼されて作り変えたものです。最初のチラシはフォントがすべて同じでメリハリもなく、イラストも今どきのものではありません。内容としては利用者とボランティアの両方を募集しています。

このような場合、どちらかに絞ったほうが対象や目的が明確になり、より多くの方に見てもらえます。私は、ボランティアの募集チラシに特化して作り直しました。ボランティアは有償と書かれていますが、そのことが最初のチラシではまったく目立っていません。有償という言葉はウリになると考えたのですが、主催者からは「お金目当てだと困ります」という回答でした。

Before

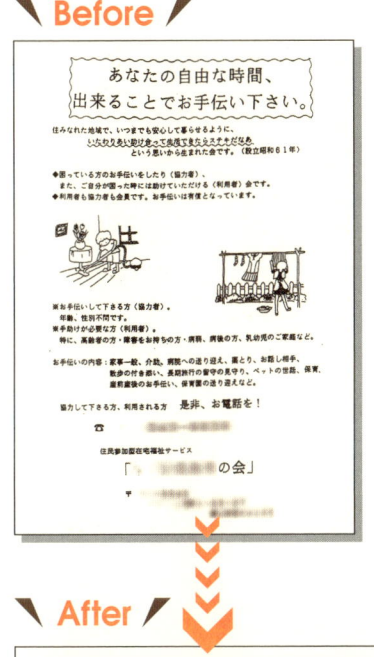

After

しかし、私は最初は間口を広げてもよいと思っています。お金目当てだとしても人から感謝されたり、人の役に立ったりすることでお金以上の報酬を得られることができれば、ボランティアの幅も広がっていくと考えました。

そこで考えたタイトルが、「空いた時間で、できることから　有償ボランティア大募集」です。

リズム感があって覚えやすいキャッチコピーです。

いろいろなお手伝いがある中で、ここでも対象者を絞りました。子ども好きな方に向けて「保育園の送り迎え」、動物好きな方には「ペットの世話」など、気軽に好きなことから始められることを強調したのです。

報酬金額は小さくても入れたほうがよいです。さらに問い合わせの電話番号は目立ったほうがよいので、大きく表現しました。

タイムリーな内容を盛り込む

次ページは2008年3月に企画した、落語家の桂あやめさんによる講演会のチラシです。NHKの朝の連ドラで、女性落語家を題材にした『ちりとてちん』が放送されていた時期と重なっていました。桂あやめさんは、女に落語はできないという固定観念の壁に、自作の落語で風穴を開けた方です。その苦労話や夢を叶えるための努力などをおもしろおかしく語っていただき、会場の女性たちは笑って学んで、さらに希望まで持ち帰ることができた講演会でした。NHKの朝ドラを見ている方は、『ちりとてちん』というタイトルで内容を理解し、申し込みをしてくださいました。当初担当者が考えたサブタイトルは、「笑いで壊す男女の壁」だったのですが、企画会議で話し合った結果、もっと明るく楽しいフレーズにしようということで、「笑う門には福来たる！」に決まりました。

2010年に、元鳥取県知事の片山善博さんの講演会を企画した際のサブタイトルは、「ゲゲゲのふるさと 鳥取県を元気にした あの知事が語る‼」にしました。朝ドラで『ゲゲゲの女房』の放送終了3か月後だったので、まだまだ記憶に残るテーマでタイムリーだったからです。

2009年に「おやこdeあんしん護身術」というタイトルで、親子で習う護身術講座を企画したことがあります。対象は新小学1年生から3年生と保護者でした。4月に実施したときは定員割れでしたが、3月の講座には定員の倍以上の申し込みがありました。たった1か月ですが、その差は大きかったのです。3月の受講希望者は新1年生と保護者が圧倒的多数でした。これまで幼稚園バスで通っていたけれど、小学校に上がると徒歩でしかもひとりで学校に行くとなると、親の心配はかなりのものです。通学途中で危険な目に遭わないでほしいと願う時期は、入学後の4月ではなく入学前の3月です。

あらためて、講座のテーマと、ふさわしい時期を見極めて企画をすることの必要性を深く感じた事例です。

その② 響くタイトル、言葉の選び方

タイトルはチラシの肝

ゴールの見えるタイトル

皆さんはどのようにタイトルやキャッチフレーズを決めていますか？

まずは66ページをご覧ください。これは2009年に実施した「いつか来る おひとりさまの老後を乗り切る知恵と工夫」というセミナーのチラシです。こちらのセミナーは35人の定員に対して203人の応募がありました。

ではなぜ、203人もの応募があったのでしょうか。最大の理由は、当時ベストセラーになった上野千鶴子さんの『おひとりさまの老後』という本のタイトルが入っていることです。ゼロからニーズをつかもうとやみくもにマーケティングをしても、時間がかかってしまいます。そのため、売れている本からヒントを得ることも多いのです。たくさんの読者の興味を引いていることを踏まえ、書店での売れ筋情報を調べることもしばしばです。

さらに集客できた理由をあげると、チラシの左上に配置している「いつか来る」という言葉です。

今、夫婦揃ってふたりで生活をしていても、いつかは自分がひとり残るかもしれないと感じているのは、圧倒的に女性のほうです。夫婦であれば、女性のほうが年下であるケースは多く、また寿命も長いため75歳を超えた女性の8割はひとりです。これが中高年の女性が抱えている課題です。

このタイトルを読めば、「おひとりさまの老後」という課題を乗り切る知恵と工夫が学べることがわかります。これこそゴールの見えるタイトルです。24文字もある非常に長いタイトルですが、この長いタイトルを単語ごとに文字の大きさを変えて、メリハリをつけることによって、キーワードが目につきます。

そして中高年の女性が参加しやすい時間帯として、月曜日の午後というのは狙い目です。図書館や公民館などの公共施設はたいてい月曜日がお休みです。普段通っている場所がお休みのため体が空いています。「土日でもよいのでは？」と聞かれることもありますが、土日はお孫さんや家族が遊びに来たりするので、むしろ土日の連続講座は避けたほうがよいでしょう。

また、対象者として「50歳以上の女性」と書いていますが、本当に来てほしい対象者は60歳代前半の女性です。しかし、チラシに「60歳以上の女性」と書くと、60代の申し込みが減ってしまいます。

世間のイメージとしての60代と実際の60代はかなり差があります。今どきの60代はとっても若いし生き生きとしています。見た目も気持ちも若いため、実年齢よりも若いグループの中に入り

第二章　集客力アップ！　チラシ作りのツボ

たいと思っている人が多いのです。そのため、対象者をチラシに載せるときに若めに幅を持たせ、マイナス10歳にしました。その証拠に、翌年同じような講座を実施した際に、前年度の応募者が多かったため対象者を「60歳以上」としたところ、60代の申し込みががくんと減って、70代の申し込みがもっとも多かったのです。次の年はまた「50歳以上」に変更しました。

もう1つ、チラシを作るときのポイントとして、シニア向けのチラシに人物のイラストを入れる場合には、おじいさんやおばあさんのイラストだけは絶対に入れないようにしてください。保健師さんが作る介護予防教室のチラシには、やたらとおじいさんとおばあさんのイラストが載っています。

イラスト集には薄毛のおじいさんや白髪のおばあさんと

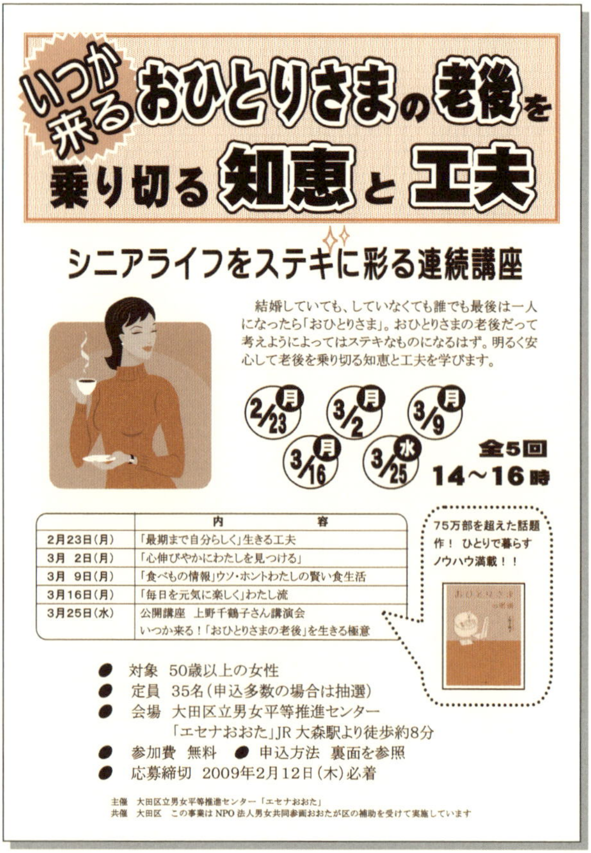

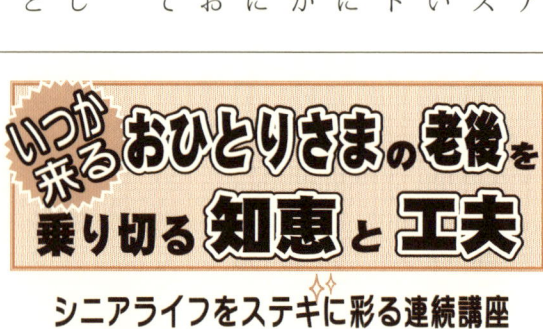

第二章 集客力アップ！ チラシ作りのツボ

いったステレオタイプのイラストが多いのですが、そのようなイラストがあると、60代の方は申し込みません。「私はこんなおばあさんじゃないわ」と嫌がられるのが関の山です。イラストを載せるのであれば、このチラシのように、ちょっと若めの大人の女性にしてくださイラストのみならず、「高齢者」や「シルバー」という表現も避けたほうがよいでしょう。当事者ご自身は「私は高齢者なので……」と言いますが、他人から「高齢者」と言われることはいい気分ではありません。常に当事者の立場に立って言葉選びをするとよいでしょう。

さて、最終回には、『おひとりさまの老後』の著者である上野千鶴子さんが講師として登場しました。上野千鶴子さんを知っている人は名前を見ただけで申し込みをすると思いますが、より多くの人に訴えるのであれば、本の表紙や「75万部を超えた話題作！」などのウリを載せたほうがよいです。さらにウリを枠で囲むことで、情報が整理されて目立ちます。

このセミナーの目的は、シニア世代の女性が直面する課題について男女平等の観点から見直し、自立した老後をどう生きるかを考えるものでした。シニア女性を切り口とした男女共同参画セミナーです。

しかし、タイトルに惹かれた方が圧倒的に多かったことを踏まえると、このタイトルを利用していろいろなセミナーを企画することができます。たとえば健康や介護予防を目的としたセミナーもできますし、振り込め詐欺に遭わないための企画も可能です。

警視庁が発表した振り込め詐欺の実態調査によると被害者の8割は女性で、5割は70歳代です。

しかも9割が「自分は大丈夫だと思っていた」「詐欺について考えたことがなかった」と答えています。ほとんどの人が自分は大丈夫だと思っているのですから、「振り込め詐欺に遭わないために」というタイトルでセミナーを開いても集客できるはずがありません。実際に、東京都内の自治体職員が「悪徳商法の被害者にならないために」というタイトルでセミナーを開いたものの、「7人しか応募がなかった」と嘆いていました。

シニア女性の多くは、おひとりさまの老後を乗り切りたいと思っていて、そのためにどんな知恵や工夫が必要なのかを聞きたいと思っています。その1つに振り込め詐欺の被害者にならないことがあります。ゴールは「振り込め詐欺に遭わない」のではなく、「ひとりで生き抜く知恵」がほしいのです。後者がゴールです。セミナータイトルでゴールの見せ方を誤ってしまうと、まったく集客ができなくなります。

「おひとりさま」に関連して、私にチラシアドバイスを求めてきた方の事例を紹介します。あるNPO法人が設立記念として、上野千鶴子さんをお呼びしておひとりさまに関する講演会を行いたいので、チラシを見てほしいとのことでした。驚いたことに、そのチラシでもっとも大きく表現されていたのは「NPO法人設立記念講演会」でした。これは主催者が宣伝したい内容であって、チラシを見た方のメリットではありません。「この字はもっと小さく目立たせないようにしてください。まずは講演会で集客してから、当日にNPO設立記念なのだということを宣伝したほうがよいです」とアドバイスをしました。

それ以上に驚いたのが、その講演会のタイトルが「おひとり様で死ぬために」だったことです。
まずこのタイトルは変えたほうがよいとアドバイスしました。確かに誰もがいつかはおひとりさまになりますが、おひとりさまで死にたいと思っている人はとても少ないため、ニーズがありません。上野千鶴子さんをお呼びになるのであれば、私たちのセンターで使用した200人オーバーのこのタイトルをどうぞ使用してください、とアドバイスをして、とても喜んでいただきました。

ハードルを下げたタイトル

次ページのチラシ「夢をカタチにするための　ぷち起業家入門講座」は、2008年2月に実施したセミナーです。このセミナーは30人の定員に対して85人の応募がありました。チラシには対象者の年齢は入れずに「女性」と表現したのですが、ターゲットはフルタイムで働いている20～30代の女性です。年齢をチラシに載せない代わりにターゲットのイラストを入れて、説明文は若干小さめの文字にし、若者が好むようなフォントを使用するなどの工夫をしました。特に中央の素敵な女性のイラストは、イラストを書くのが得意なスタッフにお願いしたものです。周りにこのような特技を持っている人がいると、とても重宝します。

予想どおり、応募でもっとも多かったのは30代です。次に20代、40代と続きます。現役で働いている世代が主でした。漠然と起業を考えている人から、しっかり計画を立てて着実に起業のための準備をしている人までさまざまで、毎回受講者同士のディスカッションを入れ、ネットワー

クが作れるような工夫をしたのが、満足度の高さにつながりました。セミナーに参加した方の特徴としては、まず、①大金を稼ごうとは思っていない、②このまま の人生ではなく、何か新たなことを始めるきっかけとして「起業」を考えている、③得意分野を生かして余裕のある時間に何かできないかと考えている。この３つがあげられました。趣味を生かして空いた時間でお金儲けや社会貢献ができないかと考えている女性は、とても多いと感じます。ニーズを把握した企画と言えるでしょう。

このタイトルのポイントは、「ぷち」と「入門」という言葉です。「起業家養成講座」だと、社会や親から控えめに生きていくように育てら

れている女性にとっては、ハードルが高いと感じます。「私では難しいかも」と尻込みをしてしまう方もいると考え、ハードルを下げる言葉をプラスしました。しかし、「ぷち」は若者向けの言葉です。中高年女性を対象としたセミナーの場合、ハードルを下げようと思ったら「ぷち」は使わずに「初心者のための」「はじめての」という言葉にするとよいでしょう。

そしてこのセミナーのゴールは、サブタイトルの「女性起業家から学ぶ成功するコツと本音」のほうです。メインタイトル、サブタイトルどちらも工夫して言葉を選ぶと、集客数がぐんと上がります。このサブタイトルのように講師を総称する言葉を入れるのもよい方法です。人間は自分の興味のあることしか記憶をしないという特徴があります。興味のない人の名前はまったく覚えません。有名人でなければ、名前をセミナータイトルには入れないほうがよいでしょう。

たとえば「坂田静香が教える広報セミナー」ではまったく集客はできません。なぜなら私は有名人ではないし、私の名前だけではどういう人物かがわからないからです。タイトルに名前を入れて集客できる人は、よっぽどの有名人だけだと覚えておきましょう。この場合、私の名前はタイトルに入れずに、私はどういう人物なのか、参加者にとって魅力的と思える言葉を加えることがポイントです。「申込倍率3.3倍のカリスマプランナーから学ぶ広報セミナー」であれば行ってみたいと思いませんか?

過去に「エセナおおた」で実施して成功したタイトルを例にとれば、「有名シェフから学ぶ男の料理」「名人から教わる手打ちそば作り」「人気コメンテーターに聞く世界の『いま』」「女性リー

ダーから学ぶとっておきの成功メソッド」などがあります。どれも講師を強調したタイトルです。話を戻しますが、この「ぷち起業家入門講座」のターゲットはフルタイムで働いている女性会社員だったため、開催日時は会社が休日の土曜の午後にしました。しかし、大切なお休みの土曜日が毎週セミナーのためにつぶれてしまうのは好まないと考え、毎週ではなく隔週にし、全体の期間は2か月以内で納まる日程にしました。働いていると、3か月以上先の予定は立てにくいものです。

対象者が時間に余裕のある専業主婦やリタイアした方であれば、2～3か月のセミナーや毎週連続8回セミナーでも主催者の工夫次第で参加してくれますが、平日にフルタイムで働いている人であればそうはいきません。回数、間隔・期間も考えて企画を立てる必要があります。

実は、この企画は「エセナおおた」が10万円の助成金を出すという条件で、多くの団体から企画を募集して、面接など厳しい選考を経て選ばれたものです。選出団体は、平均年齢65歳の男性中小企業診断士7人のメンバーでした。当初の申請書に記載されていたタイトルは「孫と子どもに美しい地球を残そう！」でした。タイトルを見ただけで、失礼ながらこりゃダメだと思いつつ申請書を読み進めていくと、エコで成功した女性起業家が数人講師としてあがっていました。その視点と団体が持つ人脈が魅力的だったため非常に興味を持ち、その団体にセミナーをお願いすることにしました。

しかし、私どもで行うセミナーは、男女共同参画社会の実現でなければならないため、決定は

したものの何度もその団体と協議をし、私どもの目的に合致する企画に変更してもらいました。

結果的に集客もでき、大好評のセミナーとなりました。定員の３倍近くの応募があったため、落選者を対象にして同じ講座を実施したという後日談もあります。

２０１０年からはより実践的に起業をサポートする内容に変え、私のチラシ作りのパソコン実習まで入れて、受講料２０００円で実施したところ、２５人の定員に対し９１人の応募がありました。そ れが下のチラシです。タイトルは「ぷち起業サポート塾」にしました。女性の職業がイメージできるようなイラストを入れています。

このように同じ紙面に複数のイラストを入れる場合は、同じ人が描いたであろう同じタッチのイラストを選ぶことによって、統一感が出てすっきりとしたチラシが完成します。

業界の裏話が聞きたい

次ページのチラシは、脚本家の田渕久美子さんをお招きして、私とのトークショーを行ったときのものです。150人の定員に対し、208人の申し込みがありました。チラシを作ったのはスタッフですが、タイトルは私が考えました。

田渕さんにどのような内容で依頼して、実際にはどういう話をしてくださるのかを担当者から聞きました。男女共同参画の話は大前提ですが、それ以外に一般人にはわからないテレビ製作の裏側の話、また「篤姫」の脚本を書いている途中で、篤姫と同じように結婚1年半でご自身も夫を病で亡くされた話などをされると聞いて、どういうタイトルをつければよいかずっと考えていました。ちょうどNHKの大河ドラマ「江」が終了した翌年でタイムリーでしたし、その前に田渕さんが脚本を手がけた「篤姫」の視聴率は平均25％で4人に1人が見ていたという、ここ数年の大河ドラマではトップの視聴率を誇っていました。

そこで閃きました！　多くの方が知っている田渕久美子さんの代表作をタイトルに入れることで田渕さんのことがより知ってもらえると思いました。

また、一般の人は、普段は知りえないほかの業界の話や、そのときでないと聞けないような裏話を聞きたいと思っています。そこで田渕さんに依頼した内容をもとに『江』『篤姫』の人気脚本家が贈る　歴史と人生の舞台ウラ」にしました。

元吉本興業の名物女性マネージャーの大谷由里子さんも、講演で同じような話をされていまし

た。大谷さんとは東京都特別区の職員研修の講師としてごいっしょしたのがきっかけです。午前の講師が大谷さんで午後が私でした。以来、大谷さんが企画するさまざまなセミナーに参加するようになりました。大谷さんは、さまざまな組織が講演を企画する理由として、次の5つをあげていました。
①学びたいから、②違う業界を知りたいから、③裏話を聞きたいから、④感動したいから、そして、⑤その人自身を生で見たいから、です。この5つを常に意識して講演会を企画し、タイトルや広報チラシを工夫する必要があります。

裏話が聞きたいという心理を利用して、過去に行った防災講演会のタイトルとしては、「女たちが語る、報道されなかった本当の阪神・淡路大震災」（2008年）、「あれから2年、今だから話せる3・11の真実」（2013年）があります。避難所で起こったレイ

プ事件やセクハラのこと、DVの増加などについて講師の方から語ってもらいました。ありふれた「防災講演会」や「防災のつどい」というタイトルでは、市民は興味を示してくれません。いかに興味深いキャッチコピーをつけるかを考えています。

タイトルは明るく前向きな表現を

次は左ページのチラシです。「幸せオーラを味方につける女性学講座」は、30人の定員に対し60人の応募がありました。受講者に応募動機を聞いたところ、タイトルに惹かれた方がもっとも多かったことがわかりました。

この講座は2007年に実施したものです。ちょうどテレビ番組の「オーラの泉」が高い視聴率をとっていた時期で、スピリチュアルブームの時代です。『おひとりさまの老後』のように売れている本や高視聴率のテレビ番組からヒントを得ることもあります。

もし、このセミナーのタイトルが「女性学講座」であればおそらく定員割れでしょう。2007年の企画ですが、今でも女性向けのファッション雑誌の表紙には「ハッピーオーラ」や「幸せオーラ美人」「美オーラ」などを使っていますので、十分利用できると思います。

大人向けの学習講座のタイトルは、多少文字数が多くても、しっかりゴールが見える断定形にすることがポイントです。この企画のターゲットは、幼稚園に通う前の3歳以下の子どもを育て

ている専業主婦です。自分の時間がまったくなくて、子育てにイライラ・もやもやしていて、「もしかして育児ノイローゼかもしれない」「子どもを虐待しているかもしれない」「育児書どおりに育たないのは母親である私の責任だ」と、自分ひとりで悩んでいる方です。そんな女性に、自分らしさを取り戻してもらい、母でも妻でもなくひとりの人間としてどう生きるか、を考えるきっかけにしてほしいと企画しました。

この講座は決して子育て講座ではありません。切り口は「子育て」ですが、れっきとした「男女共同参画セミナー」です。もちろんストレートにそんなタイトルをつけても集客はできませんし、まして「育児ノイローゼになっていませんか？」というタイトルもつけてはいけません。タイトルはネガティブな表

現ではなく、明るく前向きな表現を使うことで参加がしやすくなります。「育児ノイローゼと思ったら？」などのタイトルをつけてよいのは本のタイトルぐらいです。

人に相談できないことや他人に知られたくないことについてはこっそり本を購入して読みますが、セミナーなど大勢の人が集まる場所でネガティブワードを使ってしまうと、興味があっても申し込みづらいことを覚えておきましょう。

そしてターゲット層が見事に応募をしてきました。応募者数60人のうち保育希望者は56人！私どもで預かる子どもの年齢基準は、1歳以上の未就学児ですが、最近は低年齢化しており、1歳になったばかりで子どもを預けたいと思っているママがとても多いです。それだけ子育てがつらいと感じている表れです。

そこで、受講者30人に対し同じ数の30人のお子さんを預かる態勢をとりました。「エセナおおた」の保育は受講者の大切なお子さんを預かるため、ボランティアで行わず、大田区内でも評判のNPO法人ネットワークBearという団体に謝礼を払って保育スタッフの派遣を依頼しています。

安心して子どもを預けることができると保護者にも評判です。自治体によっては講座の保育（託児と言うところもありますが）を無償のボランティアにお願いしているところもありますが、私は反対です。大切な子どもを預けるのですから、仕事として謝礼を払って、責任感のあるしっかりとした団体に依頼してほしいと思っています。

とはいえ、年々保育希望が増えて保育謝礼が予算を圧迫するようになりました。そこで受益者

地域のニーズを生かしたタイトルで、ばっちり集客

次ページは、2012年に実施した「育休ママのためのパワーチャージセミナー」のチラシです。定員15人に対し41人の申し込みがありました。大田区は羽田空港があるため、航空会社の社員、特にCA（キャビンアテンダント）が多く住んでおり、育休中の方も多い土地柄です。労働力率を示すグラフでは、日本の女性は第一子出産後、いまだに6割強の方が退職をしています。20代をピークに30代の出産時期になると落ち込み、子育てが一段落した40代でまた上昇するという「M字カーブ」を描いています。その M字の底上げを図るためのセミナーです。出産後とりあえず育休を取得する女性は多いですが、復帰をするときにさまざまな障害があり、結局そのまま退職してしまうというケースが少なくありません。退職してしまうと、正社員として再就職することはとても困難です。正社員とパートでは、生涯賃金が大きく異なります。能力のある女性が仕事を辞めるのは、社会にとって大きな損失です。女性の活躍推進や経済的自立を

負担の考え方を導入し、保育謝礼の一部を保護者に負担してもらうようにしました。最初は2時間300円でしたが、現在は600円です。それでも2時間600円で子どもを預かってくれるならとても嬉しいと、保護者からは好評です。

1回のランチで1000円支払う時代ですから、いつまでも無料という考えを変えてもよいと思います。

後押しするセミナーと位置づけました。41人もの応募があった理由は、「育休ママのための」と限定したことと、サブタイトルの「先輩から学ぶ職場復帰のコツと働き続けるヒント」でした。ちょっとだけ先を行く経験者の話を聞きたいと思っている人が多かったからです。さらに、この講座だけは預かる子どもの年齢を0才児からにしたことが魅力的だったようです。

講座を終えてわかったことは、復職後は夫に家事分担や育児分担について理解してもらい、今から家庭の中の役割分担を話し合っておく必要があると感じました。次回の企画では、3回中1回は夫同伴にしようと思っています。

目的を前面に出すより、当事者の立場に

次ページは、連続講座の事例として28ページでも紹介した「女性のための課題解決能力向上セミナー」のチラシです。この企画の目的は、地域の女性リーダーの育成です。講座修了生から大田区の審議会の女性委員になってもらいたいともくろんだものです。

「女性のリーダー養成講座」になりますが、リーダーになりたいと思っている女性はまだまだ少ないため、そのままのタイトルをチラシに載せても集客ができないと考え、「女性のための課題解決能力向上セミナー」にしました。

当選者に受講動機とご自身の課題を尋ねたところ、「人前でうまくしゃべることができない」「あがり性で声が震えてしまう」「夫と対等に議論したい」という方が3分の2もいました。つまり、サブタイトルの「論理的思考」や「発言する力」の言葉に惹かれて申し込んだ方が多かったのです。

このセミナーは2年めで、初年度から多くの申し込みがあったため、複数年実施している人気講座については、「大人気講座のバージョンアップ版」と謳いました。「好評につき第2弾！」や「申し込みが殺到する人気講座がさらにグレードアップ」といった言葉で、人気講座であることを猛烈にアピールします。このようなちょっとした仕掛けも、定員オーバーさせるテクニックの1つです。

国の第3次男女共同参画基本計画の中でも、「政策・方針決定過程への女性の参画の拡大」が掲げられています。数値目標は2020年までに指導的立場の女性を30％に増やすというものです。

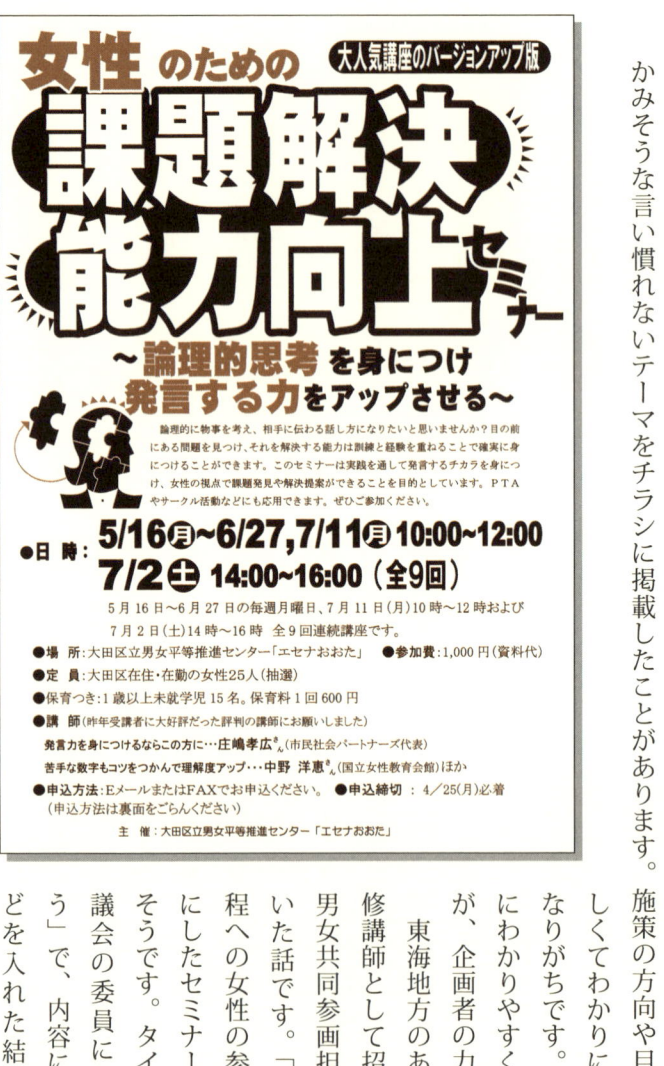

ただし、これは施策の方向であって、これをそのままタイトルにしてはいけません。私もセミナー企画を始めたばかりのころ、連続講座の1コマに「方針決定過程への女性の参画」などと、舌をかみそうな言い慣れないテーマをチラシに掲載したことがあります。施策の方向や目的は、小難しくてわかりにくい表現になりがちです。それをいかにわかりやすく広報するかが、企画者の力量です。

東海地方のある役所の研修講師として招かれた際、男女共同参画担当者から聞いた話です。「方針決定過程への女性の参画」を目的にしたセミナーを企画したそうです。タイトルは「審議会の委員になりましょう」で、内容に議会傍聴などを入れた結果、応募が

まったくなかったそうです。なぜ審議会の委員になる必要があるのか、政治に関心を持つことが自分の生活とどんな関係があるのかを理解しない限り、そのタイトルで集客するのは難しいです。

まずは身近な課題を発見し、その課題が個人的なものではなく社会的に作られた課題だとしたらどうでしょうか？　たとえばなぜ女性は、男性に比べて人前で話すのが苦手だと思っているのか。それは、人前で話をする機会を奪われてきたからだと私は思っています。まさに社会的・文化的に作られた性差（いわゆるジェンダー）です。それに気がつくことで、個人の問題は社会の問題であると思えれば、市政に関心を持てるようになると思います。

一足飛びに結果を出そうとせずに、当事者の立場に立ってていねいにセミナーを企画することは大切です。

人前でうまく話をすることができないと思い込んでいたりする女性が多いため、人前でしゃべらなくてもよい「ライター講座」や「文章セミナー」はいまだに大勢の女性が集まります。

2010年に実施した「女性のためのライター入門講座〜実践！　取材のコツから伝わる文章の書き方まで〜」というタイトルの講座は、定員20人に対し、なんと129人の申し込みがありました。ライターとして活躍して、いつか本を出したいと思っている方が多いのでしょう。このテーマは有料講座でも多くの人を集められるテーマです。

心に響くキャッチフレーズとは

誰もが知ってる○○を強調する

これは映画上映会のチラシです。妻がアルツハイマーになり、夫が介護をするという映画です。ターゲットは中高年の主に男性です。

男性の参画が少ない「介護」を促す目的で、この映画を選びました。

映画そのものはあまりヒットしなかったため、タイトルで集客することは難しいと考えました。さらにこの映画のキャッチコピーは、「愛するあなたにスローグッバイ」でした。このキャッチコピーだと今ひとつ内容がわかりません。プロが作ったキャッチコピーでしょうが、地域の公共施設で上映するのであれば、もっと映画の内容がわかりやすいほうがよいと

エセナおおた映画会
妻が突然アルツハイマーに…
倍賞美津子 主演で贈る"珠玉のラブ・ストーリー"

ユキエ
日本語字幕

あらすじ
ユキエが戦争花嫁としてアメリカに来てから40年余り。日本で祝福されなかった結婚だったがふたりの息子と愛する夫と幸せに暮らしていた。しかしユキエが突然、アルツハイマーに侵されてしまう…。愛する妻の心から40年間築き上げた人生の記憶が少しずつ、ゆっくりと失われてゆく。「これはあなたたちへの"ゆっくりしたお別れ"だと思うのよ…」
愛する人に「スロー・グッバイ」

©2011 ESSEN COMMUNICATAIONS, Inc. All Rights Reserved.

2011年11月23日（祝・水）
無料 **13:30～15:30**（開場13時）

- 会　場　大田区立男女平等推進センター「エセナおおた」3階 多目的ホール（JR大森駅徒歩8分）
- 定　員　150名（10月21日より事前申込開始、申込先着順）
- 申　込　FAXかメールで申込 申込時に「映画会申込希望」と記入し、
①〒住所、②名前（ふりがな）、③年齢、④電話番号、
⑤保育希望の方は、子どもの名前（ふりがな）、年齢（月齢）、FAX番号またはパソコンのメールアドレスを明記してください。（申込先は裏面参照）
- 参加費　無料
- 保　育　1歳以上の未就学児 15名まで。保育料ひとり600円　保育申込締切り 11/15(火)

受付開始は10月21日から

【主催】大田区立男女平等推進センター「エセナおおた」

思いました。

そこで考えたキャッチコピーが「妻が突然アルツハイマーに…」です。さらに出演している有名な俳優の名前を目立たせることにして、「倍賞美津子主演で贈る"珠玉のラブ・ストーリー"」としました。そして映画という娯楽性が高いものが無料で見られることをチラシで強調しました。

ご覧のように中高年の間で有名な「倍賞美津子」という名前を強調したデザインにしています。俳優以外にも、有名な監督や脚本家、原作者、受賞した賞を入れるのも1つの手です。あるいは、「日本アカデミー賞ノミネート作品」や「カンヌ映画祭招待作品」や「黒澤明に師事」など、受賞していなくても「ノミネート」や「招待」「○○に師事」でも、それが映画のウリになり、「見に行こう」と思ってくれます。

「限定」を強調する

信州のとある市で講演した際、質問がありました。「私たちの地域ではわざわざチラシは作っていません。町内放送もチラシと同じで、対象者に響く言葉（キャッチフレーズ）を入れられるかどうかで決まってきます。町内放送をするときのコツを教えてください」と。

講演のため新幹線で移動していたとき、往路の車内販売のアナウンスで、「これからコーヒーとクッキーと情報誌『ウエッジ』を販売します」と言っていました。ところが復路のときは工夫さ

れていて、「ただいまから淹れたてのコーヒーと、車内限定販売のクッキーと、最新の経済情報をお伝えする『ウエッジ』を販売します」でした。私の隣の席の女性が「限定のクッキーをください」と言ってさっそく購入をしていました。その女性はクッキーではなく、今しか買えない「限定」を買ったのです。

このようにちょっとしたひと言を入れることや、町内放送であれば抑揚をつけることも可能ですし、強調したい部分はゆっくり、大きな声で、間をとることもできます。地域の方言で親しみを込めることも可能です。紙のチラシにはない町内放送ならではの工夫をすればよいと思います。

固有名詞よりも実績を強調する

以前、ちょっとしたことでお知り合いになった農業大学の先生から、一般の方を対象とした有料の公開講座について、何度か助言を求められたことがあります。個別のチラシではなく、その大学で募集をしている授業や公開講座の一覧用のタイトルや、リード文へのアドバイスです。文字数も制限されている一覧であれば、タイトルはとても重要です。

その先生は「超」がつくくらいまじめな方で文章も硬く、いただくメールも毎回「有難う御座居ます」「何卒 宜しく御取り計いの程、御願い申し上げます」と常に漢字だらけです。その漢字だらけのメールがおもしろくて、私なりのアドバイスを続けていました。実際にタイトルを変えたら、応募が劇的に増えたそうです。

やはりそのときも、参加してほしい年代や性別を確認しつつ助言をしました。また、専門用語が入っていたため、誰もが知っている言葉を使ったほうがよいとアドバイスをしました。女性向けであれば、わかりやすい言葉を使うことを心がけることが大切であること、またハードルを下げた「はじめての」など入れてもよいし、リタイアした男性向けであれば「こだわりの」などの修飾語が好まれます。

さて、その後、ふたたびアドバイスを求められた企画がこちらです。

> **世界でひとつ、ワイナリーと酒蔵ツアー**
> 〜栃木の葡萄園、蔵を訪ね、テースティング〜
> こころみ学園のココ・ファーム・ワイナリー、第一酒造株式会社を訪ね、テースティングし、車内で醸造を学びます。

ワイナリーを見学しテースティングと軽食つき、さらにスパークリングワインの製造過程を見学するという日帰りのツアーで、料金はバス代・軽食費込みで1万円。ワイナリーと酒蔵ツアーという名称だけでも、お酒好きな私はとても惹かれる企画です。しかし、より多くの方に宣伝したければ、この企画のよさをもっとアピールできるタイトルとリード文に変えることが必要です。

まずタイトルの「世界でひとつ」は、内容と異なるためやめたほうがよいと感じました。また、

「こころみ学園」「ココ・ファーム・ワイナリー」「第一酒造株式会社」という知る人ぞ知る固有名詞を押し出すより、多くの方が知っている話題を押し出したほうがよいと考え、いろいろと調べてみました。

「こころみ学園」は障害者支援施設であり、社会福祉法人が運営しています。そのこころみ学園がワイン運営のために作った会社が「ココ・ファーム・ワイナリー」です。こころみ学園もココ・ファーム・ワイナリーも地元の足利では有名ですが、より多くの方に知られることになったのは、「ココ・ファーム・ワイナリー」のワインが九州・沖縄サミットで使用されてからです。けっこう長い時間をかけて私が考えたタイトルとリード文がこちらです。ワイン好きな女性をターゲットに作りました。

> ## 栃木の自然が生んだ評判のワイナリーと酒蔵ツアー
> 九州・沖縄サミットの乾杯ワインに選ばれた評判のワイナリーと酒蔵を訪ね、テースティングし、車内で醸造の基本について学びます。

タイトルに地域名を入れることによって目的地が明確になりますし、インターネットで検索する場合は、たいてい地域名を入れて絞り込まれる確率が高くなります。私も何かの情報を検索する

また、「評判の」という言葉で気持ちがぐっと上がります。リード文に固有名詞は入れずに、「九州・沖縄サミットの乾杯ワインに選ばれた」ことを強調しました。この部分が、参加してみたくなる気持ちをかき立てるウリの部分です。「醸造を学ぶ」よりも「醸造の基本を学ぶ」のほうが気軽に参加ができます。表現の仕方でずいぶん変わることがおわかりいただけたでしょうか。

言葉にリズム感を持たせる

以前、友達からチラシのアドバイスを求められたときのことです。「ブログでつくる子育てネットワーク」というタイトルでチラシを作成したけれど、なかなか集客できないという相談です。子育て中のママ向けにブログの作成方法や更新方法を教えて、ネットを通じて情報交換をしてもらう企画でした。

企画そのものはとてもよいのですが、タイトルに企画者の思いや目的が出すぎています。ウリを聞いたところ、「ブログってホームページを作るほど難しくないし、簡単に作れて簡単に情報発信ができることかしら」と答えたため、だったら「子育てネットワーク」という目的は削除して、ブログが簡単にできることをタイトルにしたほうがよいとアドバイスをしました。

それを受けて本人が変えたタイトルは、「子育てのあいまに…サクサクできる簡単ブログ」でした。「子育てのあいまに…」で対象者がわかるし、簡単にブログができるウリを表現した、とても

よいタイトルだと感心しました。「サクサク」とは「さっさと」とか「軽快に」という意味で、比較的若い人が好んで使う言葉です。中高年以上にはピンとこないかもしれませんが、この講座のターゲットは子育て中の若いママのため、ターゲットに通じる言葉であれば大丈夫です。

それは、「サクサクできる」が7文字、「簡単ブログ」が7文字だからです。リズム感のあるタイトルはたいてい七五調のものが多いです。日本人であれば俳句や短歌に慣れ親しんでいるため、7文字5文字の組み合わせはすぐに覚えてくれます。

ほかに「エセナおおた」で実施した講座のタイトルでは、「おやこdeあんしん護身術」や「パパと作ろう！ 母の日料理」などがあります。タイトルをこのように七五調にするのは日ごろからの訓練と経験が必要ですから、必ず七五調にしろとは言いませんが、できればそういうタイトルのほうが忘れないでしょう。

2009年に岐阜県関市で生涯学習振興大会の講演を依頼されたときの話です。その担当者は私の話をわざわざ富山まで聞きに来て、依頼をくださいました。大会のテーマは、「あなたの企画成功させます」というなんとも大胆なものでした。ずいぶん思いきったタイトルだなと思っていたら、定員の120名はすぐにいっぱいになり、聴講生も入れて160名まで受け入れたとのこと。当日は満員御礼でした。感動したのが、私の話の前の中学生の事例発表です。子どもたちがまちづくりにチャレンジした事例を、パワーポイントを使って説明してくれたのです。

中学生が、小学生や園児を対象とした体験教室を企画・運営したという内容でした。特筆すべきは、企画→広報→実践→反省・課題の抽出とちゃんとPDCAサイクルができあがっていたことです。やりっぱなしで反省しない大人のイベントも多い中で、参加者の声を集めて、反省もしっかりしていました。

また、私がいつも講演で話をしている「タイトルの重要性」もしっかり入っていたのです。当初は「めざせ！ 輪投げマスター」というタイトルにしたけれど、集客がイマイチだったため、「輪投げでお菓子をゲットだぜ！」に変えたら集客できた、という話もありました。これも七五調のタイトルです。しかもお菓子がゲットできるというゴールまで見えています。小学生だと、輪投げマスターになるよりもお菓子のほうがはるかに魅力的です。

この企画に参加した中学生のアンケートで、「みんなの笑顔が見られたことがうれしかった」と自己実現につながり、達成感や向上心を味わうことができたと総括していました。また、参加した中学生全員が「今後もボランティアに参加したい」と答えていました。まさに「まちづくりに参画」し、企画目的が達成できている発表でした。

日ごろから言葉をストックして、磨く努力をする

そうはいっても、ターゲットに響くタイトルやキャッチコピーを考えることは、容易なことではありません。キャッチコピーは限られた言葉の組み合わせです。ですから、その言葉を日ごろ

から数多くストックしておくことが重要です。言葉のストックの中からよいフレーズを組み合わせて「参加してみたくなるタイトルやキャッチコピー」をつけるのです。ストックするためには、できるだけ数多くのキャッチコピーを「見る」のです。見て、集めることで言葉は磨かれます。

そこでおススメしているのが、「ターゲットが読む雑誌の表紙を見る」ということです。

雑誌は誰に売りたいのか、しっかり対象者を絞っています。そして対象者のニーズを探り、対象者がそのときに知りたいタイムリーなテーマを企画し、対象者が買いたくなるようなキャッチコピーを表紙に載せています。定期的に書店に立ち寄り、雑誌の表紙を見る癖をつけることによって、企画のヒントとキャッチコピーに使える言葉をストックすることができます。

そしてキャッチコピーは、参加意欲をくすぐる企画のウリを目立たせることがポイントです。

たとえば11月になると、働いている人向けに出てくる雑誌の企画が「手帳活用術」です。ビジネスマン向けの雑誌であれば「年収2000万の手帳活用術」ですが、女性会社員向けの雑誌であれば「夢を叶える手帳活用術」や「働く女性の手帳術」などというキャッチコピーになり、対象者に合わせた言葉が組み合わされています。

私は、雑誌以外でも電車に乗れば中吊り広告を見て研究をしていますし、目立つデザインのポスターを発見すると写真を撮ることもあります。電車の中で手を伸ばして携帯電話で写真を撮っている姿はかなり怪しい光景です。電車移動が少ない地域でも、車で聞くラジオやCMのキャッチコピーなどからもヒントを得られます。日常生活の中で数多くのヒントがありますので、常に

受講者の生の声は伝わりやすい

下の囲みは77ページの「幸せオーラを味方につける女性学講座」の裏面の一部です。前回同じようなセミナーを実施した際、受講者がアンケートに書いてくれた感想を抜粋して載せています。受講動機を発表してもらった中で、「こちらの感想を読んで雰囲気が伝わったから申し込みました」という方が2人いました。感想を入れたからといって劇的に応募が増えるというわけではありませんが、受講者の生の声を載せると講座内容が伝わりやすくなります。

関西地方の保健師さん向けの研修で、同じく受講者の感想を載せた事例を説明し、「受講者の生の声を載せると対象者に伝わりやすい」と話しました。その4か月後、研修に参加していた保健師さんからお礼のメールが送られてきました。講演で聞いた内容をヒントに、さらに通販チラシを参考にしながら、過去にがん検診でがんが発見されて治療を受け、現在でも元気に

♪この講座は、春に行なわれた「ココロを軽くする女性学講座」の受講者から企画員を募り、子育て真っ最中のメンバー7名で作りました♪

〜前回の受講者感想より〜

・たった週一回、子どもを預けただけでこんなにもストレスが無くなるとは思わなかった。
・自分でも気付かなかった自分がいました。
・いろんな人の意見を聞くと新鮮な気持ちになれました。
・悩みは共有されると個々がラクになるので、こういう場があるとありがたいです。

高いアンテナを張っているとよいでしょう。

過ごしている市民の感想を吹き出しで載せたそうです。もちろんその方の許可を得てです。タイトルは「ワンコインでがん検診」です。タイトルを大きくし、レイアウトを変え、市民の声を載せたチラシにリニューアルした結果、すべてのがん検診で受診者数が前年度比で20％以上伸びたそうです。しかしこれは私の力ではなく、私の話をチラシに応用した保健師さんの力です。

また、受講者の感想は、講師の紹介文として使うこともできます。上は、とある講座チラシの講師紹介部分です。「赤ちゃんとの距離がぐっと近くなった」「赤ちゃんのキモチがわかる！」は受講者がアンケートで答えてくれた感想を使って、講師の紹介文を作成しました。

化粧品の宣伝などでモニターの女性が使用後の感想として、「この化粧水を使うと肌がプルプルになりました」などと答えているのと同じです。参加した人にしかわからない感想や独特の表現方法など、主催者には思いつかない言葉を引き出して、それを次のチラシの宣伝文句に使用しましょう。

カリスマ講師陣

カンタン＆効果的なベビーマッサージで
「赤ちゃんとの距離がぐっと近くなった」 と評判の

三枝 加代子 さん
（東京衛生学園専門学校 専任教員）

「赤ちゃんのキモチがわかる！」 と大人気の
ベビーサイン、フィンガープレイを伝授！

トゥーヒグ かおり さん
（スターキッズイングリッシュスクール主宰）

専門用語や認知率の低いカタカナ語はNG

なじみのある言葉を

歯科衛生士さん向けの広報研修で呼ばれたときのことです。その研修は、私の講義に加えて参加者が作ったチラシにアドバイスをするという内容でした。ある受講者に見せてもらったチラシのタイトルは「平成21年度 成人歯科検診のお知らせ」でした。「成人」とついているため、20歳以上が対象かと思いきや、「40歳以上」でした。そこで、成人歯科検診は専門用語のためタイトルに入れないほうがよいこと、40歳以上が目立つようにすること、またウリである500円で検診が受けられることを目立たせて、歯科検診を受けることのメリットを強調することの3点をアドバイスしました。

その結果、タイトルを「40歳からの1コインでお口の健康チェック」に変えたチラシが送られてきました。対象者もウリもわかるタイトルに変わりました。

「特定健診」や「特定保健指導」もまだまだ世間では知られていない言葉です。「特定健診を受けましょう」というタイトルのすぐ下で、特定健診の意味を説明している文章が入っているチラシをよく見ます。市民が知らない言葉だとわかっているから説明文を掲載しているのでしょうが、それならその言葉をタイトルに使わないほうがよいでしょう。私個人としては「メタボ健診」「メタボ指導」がわかりやすいと思っています。

浸透していない言葉は小さく

次ページのチラシは上下とも同じ方が作ったものです。関東の図書館協会で講演をしたとき、休み時間にチラシのアドバイスを求められました。タイトルは「第3回サイエンスカフェ」です。

そこで質問をしました。

「このサイエンスカフェという名称は、地元で浸透している言葉ですか？」

「いいえ、浸透していないため、浸透させたくて目立つように大きく表現しました」

「浸透していないのであれば小さくしてください。大きく表現するのは、この言葉が広く市民に認知されてからにしてください」

さらに、「第3回」という回数は参加者にとって意味のない数字なので載せなくてよいということと、カフェを強調しすぎたコーヒーカップのイラストではなく、その日のテーマにあったイラストを載せたほうがよいとアドバイスをしました。

その数か月後にお礼とともに、下のチラシが郵送されてきました。「サイエンスカフェ」の文字はすっかり小さくなり、「古代生物の絶滅の謎に迫る」というタイトルが大きく目立っており、アンモナイトのイラストまで載せています。このチラシで、定員30人のところ100人以上の申し

97 ｜第二章｜集客力アップ！　チラシ作りのツボ

\ Before /

\ After /

違う言葉に換えて表現する

次ページは社会福祉協議会のチラシを作り変えたものです。上は担当者が作ったもの、下は私が作り変えたものです。今ではテレビなどマスコミで報道されることが多く、成年後見制度の内容を知っている人も多くなってきましたが、当時は各地でこの制度の内容を理解してもらおうと、講座が開催されていました。しかし、成年後見制度を知らない人向けの学習会であるため、その言葉をそのままタイトルにしても当然集客はできません。

知らない言葉であれば、違う言葉でどう表現したほうがよいかを考えましょう。私は「死ぬまでに、これだけはやっておきたい生前準備セミナー」にしました。

また最初のチラシにある各テーマ、「老後のあんしんのために」「後見人はどのようなことをするの？」では、受講後のゴールが見えません。具体的に何が学べるのかをはっきり示したほうが興味がわきます。そこで1回めのテーマを、女性向けに、ハードルを下げる「やさしい」という言葉を加えて、書くのが難しそうな「遺言の書き方」としました。2回めも「最期まで自分らしく…」という言葉でPRしました。「成年後見制度」は、2回めの説明文に小さく載せているのみです。認知がされていない新しい言葉や知らない制度であれば、これくらいで十分です。

Before

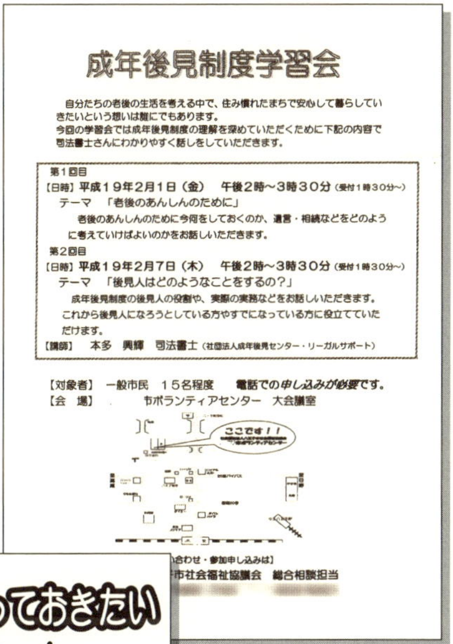

成年後見制度学習会

自分たちの老後の生活を考える中で、住み慣れたまちで安心して暮らしていきたいという思いは誰にでもあります。
今回の学習会では成年後見制度の理解を深めていただくために下記の内容で司法書士さんにわかりやすく話しをしていただきます。

【第1回】
【日時】平成19年2月1日（金）　午後2時～3時30分（受付1時30分～）
　テーマ　「老後のあんしんのために」
　　老後のあんしんのために今何をしておくのか、遺言・相続などをどのように考えていけばよいのかをお話しいただきます。

【第2回】
【日時】平成19年2月7日（木）　午後2時～3時30分（受付1時30分～）
　テーマ　「後見人はどのようなことをするの？」
　　成年後見制度の後見人の役割や、実際の実務などをお話しいただきます。これから後見人になろうとしている方やすでになっている方に役立てていただけます。

【講師】　本多　興輝　司法書士（社団法人成年後見センター・リーガルサポート）
【対象者】一般市民　15名程度　　電話での申し込みが必要です。
【会場】　●●ボランティアセンター　大会議室

お問合せ・参加申し込みは
●●市社会福祉協議会　総合相談担当

After

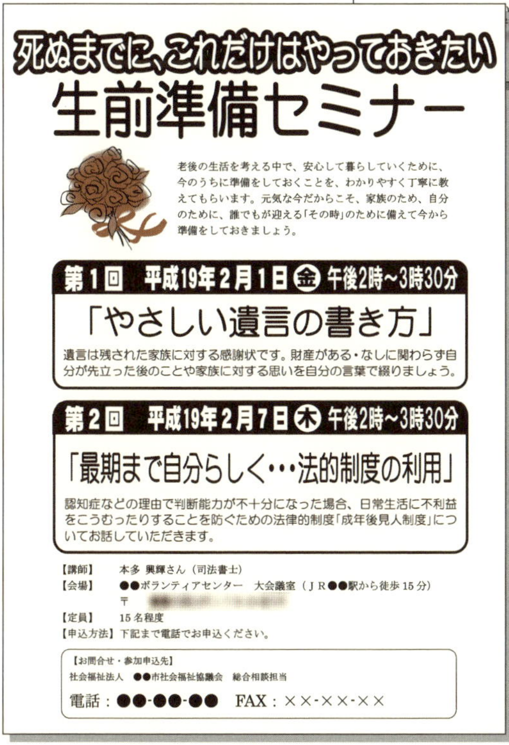

死ぬまでに、これだけはやっておきたい
生前準備セミナー

老後の生活を考える中で、安心して暮らしていくために、今のうちに準備をしておくことを、わかりやすく丁寧に教えてもらいます。元気な今だからこそ、家族のため、自分のために、誰でもが迎える「その時」のために備えて今から準備をしておきましょう。

第1回　平成19年2月1日（金）午後2時～3時30分

「やさしい遺言の書き方」

遺言は残された家族に対する感謝状です。財産がある・なしに関わらず自分が先立った後のことや家族に対する思いを自分の言葉で綴りましょう。

第2回　平成19年2月7日（木）午後2時～3時30分

「最期まで自分らしく…法的制度の利用」

認知症などの理由で判断能力が不十分になった場合、日常生活に不利益をこうむったりすることを防ぐための法律的制度「成年後見人制度」についてお話していただきます。

【講師】　本多 興輝さん（司法書士）
【会場】　●●ボランティアセンター　大会議室（JR●●駅から徒歩15分）
　　　　　〒
【定員】　15名程度
【申込方法】下記まで電話でお申込ください。

お問合せ・参加申込先
社会福祉法人　●●市社会福祉協議会　総合相談担当
電話：●●-●●-●●　FAX：××-××-××

対象世代が興味を持つ言葉を

次ページのチラシは、2009年に企画した小室淑恵さんの講演会です。定員197人のところ261人の申し込みがありました。

小室さんといえば専門は「ワーク・ライフ・バランス」です。色紙には、「ワーク・ライフ・バランスは日本を救う」と書いてくださいました。まさにそのとおりだと思いますし、全国の男女共同参画センターはその考えを浸透させるためにセミナーや講演会を行っています。でも残念ながら、「ワーク・ライフ・バランス」は、まだそれほど認知されている言葉ではありません。

ですから、「ワーク・ライフ・バランス講演会」というタイトルにはせず「仕事もプライベートも余裕でこなす！ あなたが輝く働き方」としました。メインタイトルは女性向きにしましたが、サブタイトルは、男性にも届くように「あのプレゼンの達人によるスペシャル講演会」とつけました。メイン、サブどちらにしても、若い世代が興味を持つような言葉を選び、「あのプレゼンの達人」とすることで、小室さんを知らない方にもどういう人物かが届くようなキャッチコピーにしました。目的がワーク・ライフ・バランスだからといって、浸透していない言葉を使うと集客できない、ということを忘れないでください。

さらに、裏面の小室さんのプロフィールで強調している点が、「ついに日経ウーマン・オブ・ザ・イヤーに輝いた実力派が登場」です。『日経WOMAN』といえば、女性会社員の7割が購読しているといわれているマンモス雑誌です。若い女性向けには、それをウリにしない手はありません。

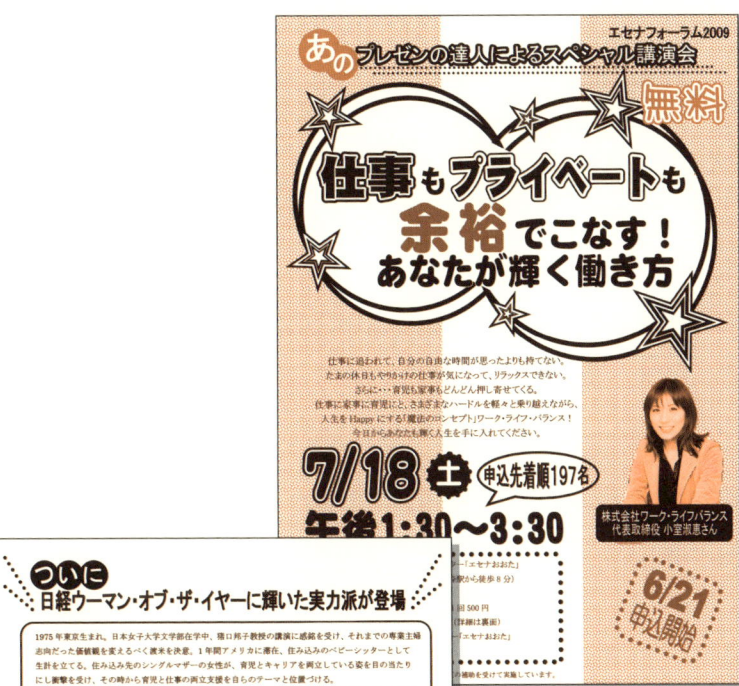

第二章 集客力アップ！ チラシ作りのツボ

（表）

（裏）

数字の表現の仕方で印象が変わる

過去に何度もチラシアドバイスを希望された方がいて、その都度アドバイスをしていたのですが、よく見ると毎回同じ講師の方のチラシでした。そこで「毎回講師は同じ方ですが、何かあるのですか」と質問したところ、「この講師はとても素晴らしい方で、一度聞いたらまた聞きたくなります。だからリピーターがとても多いんです」と答えてくれました。

それはウリになると思ったので、「リピーターが多いことをチラシに載せましょう」とアドバイスにしたところ、改訂したチラシには、講師の名前の上に吹き出しをつけて、「リピーター率33・6％」と書いてありました。

しかし、これでは逆効果です。それを見た方は、「たいした数字ではない」と思ってしまいます。33・6％という表現ではなく、「3人に1人がリピーター」のほうが効果的です。頭の中で3人の人物を描いてそのうち1人がリピーターだと思うと、33・6％よりもなんとなく多い気がします。

とある県のがん検診の広報ポスターに「46・2％ががんで亡くなっています」と載っていたのを見たことがあります。確かに正しい数字でしょうが、そのポスターの目的は、市民に正しい数字を記憶してもらうためではないはずです。がんで死亡している人の多さを知ってもらうことで、がん検診につなげることが目的のはず。そうであれば、「2人に1人ががんで亡くなっています」にしたほうが、より必要性をアピールできます。数字を単純化することでインパクトが出て、覚

えてもらえる効果が上がります。

ただし、数字が100％に近いような場合には、100％と表現するとうそっぽくなりますので、正確な数字でリアリティを出したほうが効果的です。たとえば、「お客様の94・2％が満足と答えています」などです。

安さをアピールする場合は、回数や時間などを単価で割って表現するとよいでしょう。私どものNPO法人主催の有料のパソコン講座を企画したときに、「25時間1万円です」とチラシに載せたときよりも、「1時間なんと400円」と載せたほうが断然集客できました。金額は同じですが、時間単価を示すことで当然数字の桁が下がります。また、ほかの事業者が商売で行っているパソコン教室のチラシも、1時間単価で書かれているため比較がしやすくなります。その場合、1時間800〜1000円で実施しているところが多いため、400円だとずいぶん安いことがわかると思います。このようにお金を支払うケースでは、安さをわかりやすく伝えるため、短い時間の単位で割るほうが効果的です。

節約やお金をためる目的であれば、当然期間を長くします。たとえば、「この節約家電に買い換えると、1日40円の節約」よりも「この節約家電に買い換えると、年間約1万5000円の節約」のほうが説得力が出ます。

以前、山手線の電車で見た国際NGOワールド・ビジョン・ジャパンのポスターには、「ペットボトル1本分　1日150円　月々4500円」と書かれていて、寄付金を募集していました。

これも数字の表現で安さをアピールした方法です。そのポスターには、「1年に760万人の子どもの命が貧困で犠牲になっています」と書かれてありました。でももっと大きく書かれていたのは、「4秒に1人」でした。身近な時間間隔でその多さを表現することで、今この瞬間に世界のどこかで子どもが命を落としていると感じることができます。

また、日本ではDVが原因で亡くなっている女性は、年間110〜130人ぐらいいます。「エセナおおた」でDV防止の啓発展示を行ったとき、「3日に1人、DVで女性が殺されています」と大きく表現をしました。この場合も、時間間隔を短くすることによって、訴える力が増すことがわかると思います。

また、何かにたとえることも相手に伝えるには効果的です。たとえば「50ヘクタールの広さ」と言われても、単位が大きすぎるとピンときませんが、「東京ドーム10個分」だと伝わりやすくなります。岩手県の方が県の説明をされていたとき、面積について四国4県と同じくらいと言われ、相当広いことが理解できました。1万5280平方キロメートルと言われてもよくわかりませんが、たとえてくれると理解しやすくなります。

このようにちょっとした数字の表現方法で、理解度やインパクト、訴求力などが変わってきますので、チラシだけではなく啓発展示や情報誌を作成する場合も参考にしてください。

その③ 見せる（魅せる）レイアウトにするために

レイアウトの原則

施設にチラシを置かせてもらう前提であれば、チラシの大きさはA4サイズ、縦置きが原則です。なぜならチラシラックは、A4サイズを縦に入れるものがほとんどだからです。

そして上から3分の1の面積を使って、参加者の心に響くような魅力的なタイトルを、できるだけ目立つように大きな字で配置します。チラシラックは数多く置けるように、下半分に別のチラシが重なっていることが多いからです。そのため、上部3分の1をいかに目立たせるかを考えます。この上部3分の1にタイトルを配置すれば、チラシラックだけではなく、個別に郵送する場合も、タイトルが見えるように三つ折にして封筒に入れるとよいですし、ホームページにPDF化して載せる場合も画面でまず見えるのは上部ですから、いろいろな場面で応用ができます。

横書きのチラシの場合、人の目線が最初に向かう左上の部分が「ゴールデンスポット」です。「40代限定」「子育てママの～」「保育つき」などです。横書きは左上がゴールデンスポットですが、縦書きのチラシの場合、ゴール

デンスポットは右上3分の1の部分です。高齢者を対象としたものや、企画内容が歴史や文学などのときは、縦書きのほうがよい場合もあります。

タイトルのすぐ下にはその講座の概要や企画者の思いを載せましょう。リード文の部分です。

このリード文が長すぎるとあまり読んでくれませんので、5行までにおさめたほうが無難です。またフォントはゴシック体ではなく、明朝体などの細い文字が読みやすいです。「読ませどころは明朝体」と覚えておいてください。あとは内容がひと目でわかるイラストと、「いつ」「どこで」が目立つようにチラシを作ってください。

【横書きのゴールデンスポット】
【縦書きのゴールデンスポット】
【魅力的なタイトル】
【イラスト】　【リード文】
【いつ】□□□□□□□□□□□□□□□□□
【どこで】□□□□□□□□□□□□□□□□□

ウリを目立たせるレイアウトの工夫

タイトルは何よりも大きく

108〜109ページで取り上げるチラシは、2008年に関西のJC（青年会議所）から依頼された私の講演を企画したチラシです。右は最初に担当者が作ったチラシで、左は私が作り変えたものです。

このチラシの変更点は、まずタイトルが目立つように大きくしたことです。講談社から出版した本のタイトルそのままだったため、講演会でより集客できるように「チラシ」の文字を加えた形にしました。

前にも書きましたが、チラシが原因で集客ができていないと考えている方が多いためです。また日時を目立たせ、私のプロフィールと写真は最新のものに変更しました。レイアウトはあまり変えずに、メリハリをつけた事例です。

どうも今ひとつチラシが目立っていないと感じた場合、まずはタイトルを太く大きな字にすることだけでも実行してください。

そしてチラシを手にとった人が見たい情報の優先順位は、①何のお知らせなのか、②いつ開催されるのか、③どこで開催されるのか、です。何を、いつ、どこでの3点を目立たせるように心がけてください。

Before

社団法人　●●●青年会議所　3月度公開例会

『人が集まる！行列ができる！
　　講座・イベントの作り方』

人を集めるってどういうこと？
イベントってどうしたら成功するの？
仕事にも直結する目からウロコの講演会です。
一度しかないこの機会、お見逃しなく！！

●日　時：3月12日水曜日　午後7時より
●場　所：●●ホール2F　大会議室
　　　　驚異の講座倍率3．3倍を誇る
●講　師：牟田　静香（むた・しずか）女史

1967年、福岡県飯塚市に生まれる。高校卒業後、地元の航空会社に就職。夫の転勤で東京都大田区に移住。区の男女平等推進センター「エセナおおた」の活動に参加する。しかし、同センターが主催する講座に閑古鳥が鳴いていることに悩み、人を集めようと必死で工夫するうち、定員オーバーのヒット講座を連発するようになる。噂を聞きつけた全国の自治体等から、その方法を教えてほしいと、彼女自身に講演依頼が殺到。「行列のできる講座の作り方」「思わず手に取るチラシの

明日からすぐ仕事に使える
ハナシが満載！！

CHECK!

お問合せ：●●●青年会議所事務局

After

社団法人 ○○○青年会議所 3月度公開例会

行列のできる講座と
チラシの作り方

講座をいろいろと企画するが、思うように人が集まらない。そんな経験をしたことはありませんか。では、どうすれば参加者が多く集まり、参加者の満足度の高い講座を「つくる」ことができるでしょうか。講座のタイトルやテーマ、講師選び、チラシのつくり方、広報戦略など、豊富な経験と実績をもつ全国で大人気の講師が、数多くの事例をもとに、具体的に解説します。

● 日　時：**3月12日(水) 午後7時より**
● 場　所：●●ホール2F　大会議室
● 講　師：驚異の申込倍率3.3倍を誇る　牟田静香(むたしずか)さん

【牟田静香さんプロフィール】
1967年福岡県出身。NPO法人男女共同参画おおた理事。
国内線のCA（キャビンアテンダント）を11年経験後、夫の転勤により東京都大田区に移住。2003年4月より講座の企画・運営に携わり、04年4月からは常勤職員としてセンター管理を行なっている。1年目に企画した講座のほとんどが定員割れという悲惨な状態だったため、なぜ講座に人が集まらないのかを徹底的に分析し、新たな発想でのぞんだ結果、04年度から企画した講座のほとんどが定員オーバーとなり、平均応募倍率は3.3倍に。
その企画力と広報についてのノウハウをまとめた『人が集まる！行列ができる！講座・イベントの作り方』(講談社+α新書)は講座担当者のバイブルとなっている。現在、東北から九州まで年間90ヵ所以上の講演をこなし、多忙を極めている。

お問合せ：●●●青年会議所事務局

ゴールの見せ方を誤らない

112〜113ページで紹介するのは、女性の健康づくりを目的にしたチラシです。右が最初のもの、左が変更後のものです。本来の目的は「子宮頸がん予防と早期発見」ですが、それだけでは集客が厳しいため、20〜30代の女性に人気のおしゃれなバレエストレッチと抱き合わせにしました。それだけでは集客が危ぶまれる企画の場合に、巷で人気がある企画と抱き合わせにすることは、よく行う手法です。

最初のチラシでは、人気のバレエストレッチと抱き合わせにしたにもかかわらず、それがまったく目立っておらず、「子宮頸がん予防法と早期発見」が目立ちすぎています。さらにタイトル下部のリード文が「HPVウィルス」など専門用語を載せ、チラシで啓発しようとしている主催者側の意図が前面に出すぎています。具体的な内容は、講演会で聞いてもらえばよいのです。このチラシは、集客目的の宣伝チラシだということを忘れてはいけません。

集客目的のチラシに啓発的な内容を盛り込むことはご法度です。どうせ集客できないから啓発内容も載せてしまえと文字だらけになってしまうと、チラシそのものを手にとってくれなくなり、残ったチラシは「資源の無駄づかい」につながります。集客チラシは徹底して集客にこだわるようにしてください。

そもそもなぜ20〜30代の女性が子宮頸がん予防やバレエストレッチをするかというと、「ココロもカラダも美しく保つ自分ケア」のためです。ゴールはこちらであり、チラシで目立たせるのは

主催者が言いたいことではなく、参加者がなりたい姿です。

そこで、ゴールである「女性のためのココロもカラダも美しく保つ自分ケア」を大きくし、かわいらしいフォントを使用して、キラキラしたイラストを周りに配置しました。子宮頸がん予防の文字は小さくし、人気のバレエストレッチを目立つように大きく変え、イラストも大きくしました。さらにくどいリード文は短くカットし、日時と無料を目立たせています。

1日限りの講演会や映画会などの場合、開催の日にちと曜日、時間が目立つ作りにしてください。このチラシでも数字が目立つように「3」と「10」を大きく表現しています。興味がそそられても、何時に終わっていても、終了時間を載せていないチラシをたまに発見します。市民にとって必要な情報は忘れずに載せましょう。

あくまでもゴールは、主催者側ではなく、対象者のゴールであることを忘れないでください。

以前、国民健康保険団体連合会から相談された一般市民向けのチラシに、「医療費削減のために」と堂々と書かれてありました。医療費の削減は自治体がしたいことであって、市民がしたいことではありません。医療費が多かった順に都道府県ランキングを載せて、「わが県はワースト◯位です」と知らせたところで、市民はピンとこないでしょう。市民が知りたいのは自分の健康と家族の健康だということを考えてから、広報に載せる言葉を選びましょう。

Before

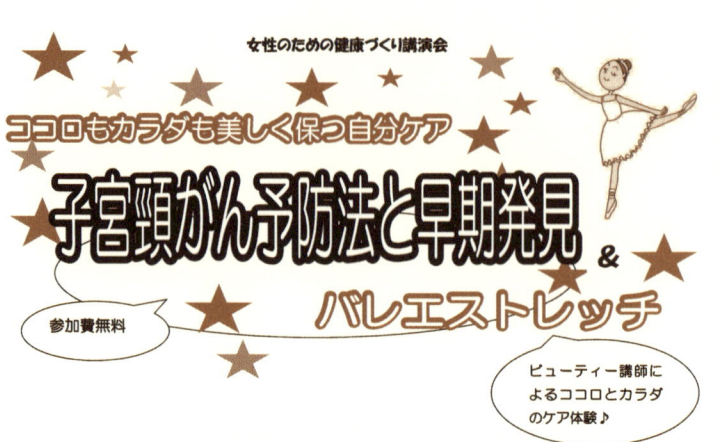

女性のための健康づくり講演会

ココロもカラダも美しく保つ自分ケア

子宮頸がん予防法と早期発見 & バレエストレッチ

参加費無料

ビューティー講師によるココロとカラダのケア体験♪

子宮頸がんは、**20代～30代の日本人女性が最も多く発症しているがん**で、発見が遅れると妊娠・出産の可能性を奪ってしまう病気です。定期的ながん検診で早期発見が可能です。また平成21年12月以降、**ワクチン接種により子宮頸がんの原因である HPV ウィルスの感染を防ぐ**ことが可能となりました。効果的な検診の受け方、**ワクチン接種と最新治療**をわかりやすくお伝えします。

後半では、**人気バレエ講師**より筋力アップと柔軟性を高め、美しく若い姿勢と体作りのポイントをレクチャーいただき、きらきら輝き続ける秘密を伝授します♪

日時: **3月10日(土)** 午後2時～3時30分 ※開場 午後1時30分
講師: ●●●-●●● 日本産科婦人科学会認定 産婦人科専門医
　　　●●●●●● ロイヤルアカデミーダンス上級資格
会場: **消費者生活センター　大会議室**（裏面地図あり）
対象: 区内在住の20代～50代の女性
服装: 動きやすい服装・汚れてよい靴下・水分・ハンドタオル持参
申込: **3月5日**までに下記にメールまたはFAXで予約　※先着50名
　　　①健康づくり講演会希望　②参加者氏名・年齢
　　　③日中の連絡先（メールアドレスまたはFAXまたは電話番号）記載

保健所健康づくり課すこやか推進
　　　TEL ●●-●●●-●●●　　FAX ××-×××-×××

☆協力　特定非営利活動法人男女共同参画おおた☆

113　|第二章|集客力アップ！　チラシ作りのツボ

After

女性のための 健康づくり講演会
ココロもカラダも美しく保つ自分ケア
子宮頸がん予防法 & バレエストレッチ

子宮頸がんは20代〜30代の日本人女性が最も多く発症しているがんで、妊娠・出産の可能性を奪ってしまう病気ですが、定期検診とワクチンで予防可能な唯一のがんでもあります。前半では子宮頸がん予防法を評判のドクターが分かりやすくお伝えします。後半は、人気バレエ講師による筋力アップ法とカラダ作りのポイントについて実践を交えてレクチャーいただき、きらきら輝き続ける秘密を伝授します♪

日時：**3月10日（土）**
【無料】午後2時〜3時30分（開場 午後1時30分）

- ●会　場：消費者生活センター　大会議室（JR■■■■から徒歩5分）
- ●講　師：■■■■で評判の講師にお願いしました。
　　　　　　■■■■医師（日本産科婦人科学会認定 産婦人科専門医）
　　　　　　■■■■先生（ロイヤルアカデミーダンス上級資格者）
- ●定　員：申込先着50名（定員になり次第締め切ります）
- ●申　込：メールまたはFAXで申し込みください。
　　　　　　詳細は裏面をごらんください。
- ●対　象：区内在住で概ね20代〜50代の女性
- ●服　装：動きやすい服装、汚れてよい靴下、水分、ハンドタオル持参
- ●参加費：無料

主催：■■■■保健所健康づくり課すこやか推進

浸透していない言葉は小さく

116〜117ページのチラシは両方とも私が作りました。右が2005年、左が2007年に実施したものです。2005年の私といえば、まだまだ定員割れの企画をしていたころどちらも同じ企画ですが、目立たせる部分を変えました。右のチラシは「ぴよたまクリスマス」が大きく目立っています。「エセナおおた」では、毎週親子で遊べる広場を提供しています。その名前が「ぴよたまクラブ」と言います。雑誌の「たまひよ」（『たまごクラブ』『ひよこクラブ』）をもじってつけた名前です。その「ぴよたまクラブ」のクリスマスバージョンとして行う特別イベントが、このチラシです。

2005年の申込数は60組、2007年は139組でした。申込数に大きな差ができた理由は、地元大田区では「ぴよたまクラブ」が浸透していなかったにもかかわらず、2005年のチラシでは「ぴよたまクリスマス」をメインタイトルにしたことです。主催者にとって「ぴよたま」という言葉はなじみのある表現であったとしても、市民になじみがあるかどうかは別物です。なじみのない言葉を大きく表現するよりも、市民にとってメリットとなる「サンタさんがやってくる」を目立つ配置で大きく表現したほうが、申し込みは多くなることがわかりました。また、企画のウリとして「サンタさんと記念撮影」や「サンタさんからプレゼントあり」も枠で囲い、イラストも入れてビジュアルで理解できるように工夫をしました。

申込方法も、左右のチラシでは大きく異なります。往復はがきと電子メールの違いです。往復

はがきを自宅に常備している方は少ないため、わざわざ100円を出して購入しないといけないアイテムです。その上、必要事項を記入して、ポストに投函しなければならないという手間がかかります。かたや電子メールはお金もかからず、携帯電話でも気軽に申し込みができます。このイベントに参加してほしいターゲットが申し込みしやすい方法は、現在は電子メールです。参加してほしいターゲットが申し込みしやすい方法を選択し、強調することも大事です。2007年のチラシの裏面には、携帯電話で簡単に申し込みができるよう、QRコードも載せました。確実に定員オーバーする場合や、応募する方の本気度を確かめるときに使っています。

お金と手間がかかる往復はがきは、参加者にとってハードルが上がります。ハードルを上げるほかの方法として、申し込み時に受講動機や意気込みを提出してもらうこともあります。連続講座の場合は、全回出席することをチラシで謳えばハードルは上がります。行政の場合は、受講料を有料にすることです。無料だから気軽に申し込んで、気軽に欠席する人もいます。

私どものNPOが収益事業として実施している、「ワードで作る 思わず手にとるチラシの作り方講座」は、ワードの裏技を駆使した市販のテキストでは絶対に載っていないノウハウを教えるセミナーです。10〜16時半の一日講座で、2か月に1回程度実施しています。参加費は1万円で事前振込制ですが、毎回満席で東北や九州などからも交通費をかけてお越しくださっています。絶対に自信がある内容は、ハードルを上げることができるのです。

Before

ぴよたまクリスマス

12月23日（金・祝）
10:30～12:00
エセナおおた　3F
多目的ホール

おともだちには、サンタさんからちょっぴりプレゼントがあるよ！

サンタがくるよ！

- ●対象：未就学児と保護者
- ●参加費：子どももおとなも　ひとり100えん
- ●申込み先・主催：大田区立男女平等推進センター区民自主運営委員会
- ●申し込み方法：往復はがきで申し込み（詳細は裏面）
- ●定員：抽選で30組

After

ぴよたまクリスマス
サンタさんがやってくる！
12月22日(土) 10:30〜12:00

サンタさんと記念撮影！

サンタさんからプレゼントあり

- ●内容：みんなと一緒に歌って、遊びます。なんと！グリーンランドからサンタさんがやってくるんだよ。サンタさんと一緒にとった写真をその場でプレゼント！サンタさんからのお楽しみプレゼントもあるよ。
- ●会場：大田区立男女平等推進センター「エセナおおた」3F 多目的ホール
- ●対象：未就園児と保護者　●定員：抽選で40組　●参加費：無料
- ●申込方法：E-Mailで申し込み（詳細は裏面）12月12日（水）必着

この事業はNPO法人男女共同参画おおたが区の補助を受けて実施しています。

お客様が知りたい内容を大きくする

次ページに掲載したのは、チラシではなくポスターです。上が最初のもので、下は私が作り変えたものです。チラシとポスターの違いは後述します。最初のポスターはお客様への宣伝ポスターというよりも、社内の通達文書のような仕上がりになっています。すべてを読まないと内容が伝わらないため、何を知らせたいポスターなのかが不明確です。主催者である「新予約」の説明（国産にこだわった〜の部分です）が長すぎるため、もっとも伝えたい「わくわくフェアー」が埋もれてしまっています。

ここでお客様にもっとも伝えたいことは、「新予約」の宣伝ではなく、「わくわくフェアー」の開催です。まずは「わくわくフェアー」に多くのお客様を集めることを優先すべきです。「新予約」の宣伝は、お客様が集まってから考えればいいのです。

「守ろう！　日本の農業」という言葉も、このポスターには入れる必要はありません。気持ちはわかりますが、別の機会でアピールをしたほうが伝わります。

またフォントがすべて「ポップ体」のため、メリハリがなくなっています。フォントは、内容ごとに3種類ほど使い分けたほうが見やすくなります。

下の修正版では、「わくわくフェアー」が開催されることをポイントにし、「新予約」の宣伝部分を商品のアピールに変えました。周りに野菜のイラストも入れ、試食やプレゼントは吹き出しで目立つようにデザインしました。どっちが目立つポスターか一目瞭然でしょう。

119 | 第二章 | 集客力アップ！ チラシ作りのツボ

▼ Before ▼

お客様各位　耳より情報のご案内で〜す！

家族の健康は毎日の食事から…
国産にこだわった食材を使い、食品添加物を最小限に抑えた安心・安全な商品を扱っている(新予約)がわくわくフェアーを下記のとおり開催致します。
ぜひ一度お立ち寄り下さい！　守ろう！日本の農業

日時：平成24年8月31日(金)午前9:00〜お昼過ぎまで
場所：果菜彩鈴鹿店敷地内　奥のログハウス近くにて

こだわりの逸品、試食、ちょっぴりプレゼントなど用意しております！

食と農の健康のネットワーク　新予約

▼ After ▼

ぷちプレゼントもあるよ！　国産食材使用！　食品添加物最小限　こだわりの逸品　試食あり!!

わくわくフェアー開催

日時　平成24年8月31日(金)午前9時〜お昼過ぎまで
場所　「果菜彩鈴鹿店」敷地内　奥のログハウス近くにて

食と農の健康のネットワーク　新予約

自分たちにとってではなく、お客様にとって「必要な情報」が何かを常に考えて作りましょう。

下のチラシは私が作った「エセナおおた」のお祭りのチラシで、A3サイズ二つ折の中面部分です。建物のどこで何が行われているのかを示す見取り図です。

ここで目立たせているのは出店サークル名ではなく「内容」です。こういうチラシを作る際、内容ではなく、つい出店団体名を大きく書きがちですが、来場するお客様は団体ではなく、「内容」を目当てにしているため、いかに内容を目立たせるかがポイントです。

イベント整理は枠で囲む

次ページ下のチラシもA3サイズ、二つ折の中面です。情報量が多い場合に大きい紙を用います。日ごろから男女共同参画に関する活動をしている団体がそれぞれ企画をし、7月17日、18日の決められた時間帯の中で実施する参加型の講座（ワークショップ）の告知です。

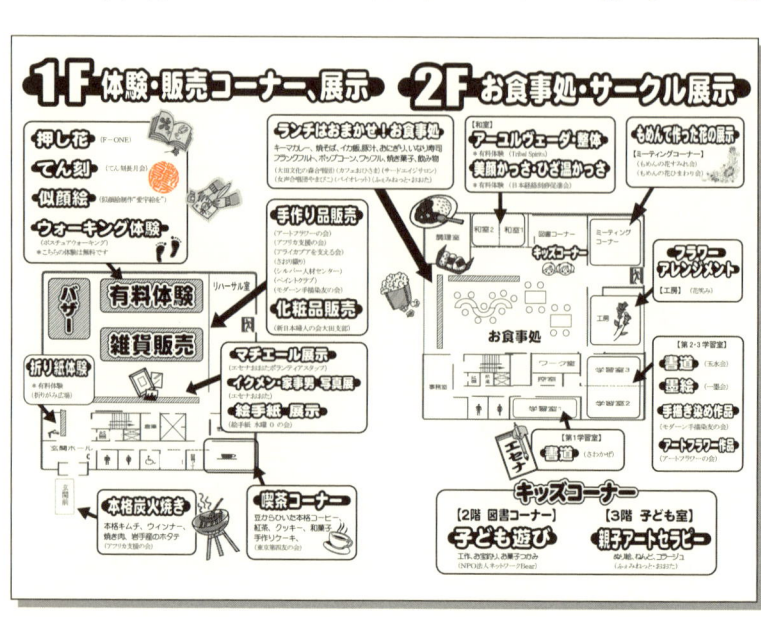

2日間で16団体がさまざまな講座を行います。それぞれの講座ごとに内容、日時、会場、参加費、参加団体名などを掲載する必要があります。このように数多くの並列情報をチラシに掲載する場合、表組みで表現しがちですが、表だとタイトルやウリを目立たせることが困難です。会議資料であればけっこうですが、宣伝チラシであれば、表よりも講座ごとに枠を設けて情報整理をしたほうがよいでしょう。

このレイアウトは、女性雑誌の星座占いを参考にしています。占いのページは必ず星座ごとに枠で囲まれて、しかもその星座に合ったイラストが載っているため、探しやすいのです。ここでもっとも目立たせるのは、講座のタイトルです。チラシを見た人は、内容を見てどの講座に参加をしようかと考えます。情報掲載スペースに限りがある場合、場所や団体名よりもタイトルを大きくし、その内容に合ったイラストを載せています。

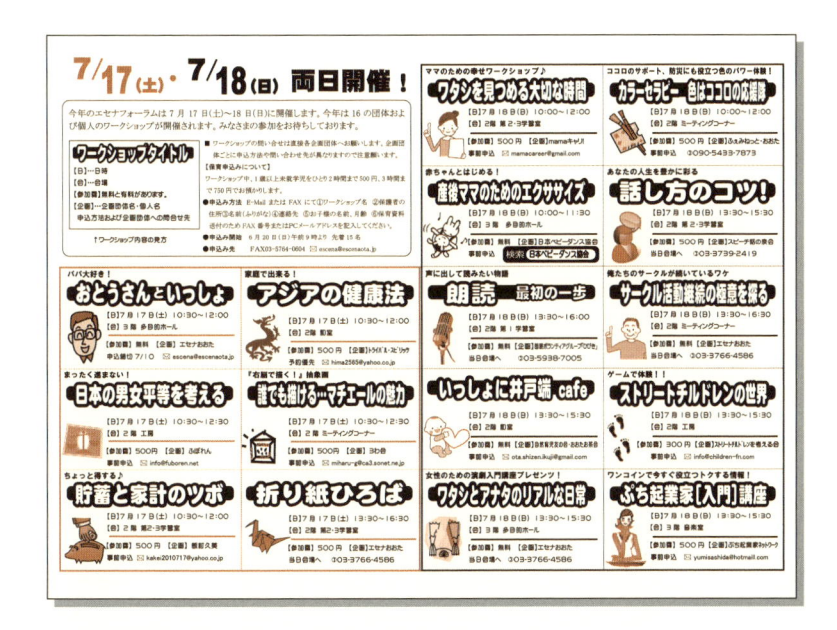

ウリは箇条書きで3つ！

ここでは、企画のウリをチラシで目立たせる1つの手法を紹介します。それは、ウリを3つ、効果的に配置するということです。

中高年女性を集客できる5つの企画

次ページのチラシは、2009年10月に実施したセミナーのものです。50〜60代の女性を対象に30人募集したところ、132人の応募がありました。50代というと体調が変わる時期であり、夫が定年間近で生活も変わる時期。このように、体と生活が変化する年齢だということを踏まえた企画です。

受講動機は、「もうひとはな咲かせる」というタイトルに惹かれたという理由が、第1位でした。参加者の1人が説明してくれた受講動機で印象に残っているのが、「私は若くもないけど、年でもないのです。もうひとはな咲かせることができるかもしれないと思って、この講座を申し込みました」という言葉でした。

タイトルは、現在の自分を肯定した上でさらに前向きな言葉を入れると、当事者の心に響きます。今でもひと花咲いているけれど「もうひとはな」がポイントです。「さらに」や「もっと」というプラスの言葉は効果があります。また、濃い色のバックに文字を白抜きにすることでタイトルを目立

第二章｜集客力アップ！　チラシ作りのツボ

たせています。

このチラシは上部3分の1の面積にタイトルを配置し、下部3分の1に5回連続講座の内容・日時・講師名を表にしています。読ませるチラシではなく見せる（魅せる）チラシを意識して、講座内容から対象者がもっとも興味のあるものを目立つ字で箇条書きにして、チラシの中央に3つ配置しました。しかも興味がある順に左から配置しました。

その1つめが「あの血流マッサージ」です。「あの」というひらがな2文字に大きな効果があります。こう表現することで、血流マッサージのことを知らない人は、「どの？」「知らない私がいけないのかしら」と思います。「あ

もうひとはな咲かせるための
50代〜60代向け 女の生き方塾

やっと自分の自由になる時間ができた♪
いろいろ大変なことはあるけれど、自分の心に耳を傾け
夫や子ども、親とうまくコミュニケーションをとりながら、私らしく「もうひとはな」咲かせましょう！

10月1日〜10月29日（全5回）
毎週木曜日 午後2時〜4時

あの血流マッサージ「かづきメイク」体験！　　がんばらない介護法！　　更年期の乗り切り方

◆会場：大田区立男女平等推進センター「エセナおおた」
◆対象：50歳代〜60歳代の女性　　◆定員：抽選で30名
◆参加費：無料　　◆申込締切：9月16日（水）必着
＊申込方法等の詳細は裏面をごらんください。

日時	テーマ・内容	講師
10/1（木）午後2時〜4時	脳のエクササイズを始めよう！〜脳をきたえて素敵な私〜	宝仙学園短期大学講師 佐藤佳代子さん
10/8（木）午後2時〜4時	更年期と上手につきあう素敵な暮らし方〜がんばるイマ時の女性たち〜	池下レディースクリニック銀座院長 池下育子さん
10/15（木）午後2時〜4時	がんばらない介護法〜お互いの人生を大切に！〜	作家、「正々堂々がんばらない介護」著者 野原すみれさん
10/22（木）午後2時〜4時	元気になる魔法のメイク術〜こころを豊かに！あの「かづきマジック」伝授〜	かづきれいこメイクスタジオ講師 武内信子さん
10/29（木）午後2時〜4時	わたしらしく素敵にチェンジ！	女の生き方塾　スタッフ

■主催：大田区立男女平等推進センター「エセナおおた」　　■共催：大田区
＊この事業はNPO法人男女共同参画おおたが区の補助を受けて実施しています。

の」という言葉を使用して効果的なのは、対象者の6割以上が知っている場合です。まったく知られていないテーマや講師などに「あの」と加えても効果はないため、使用する際は気を付けたほうがよいでしょう。

ところで、中高年の女性向けの企画をする場合、集客できるテーマが5つあります。私はその5つを「鉄板企画」と呼んでいます。まずアンチエイジングに関することです。実年齢よりも1歳でも若めに見られたいと思っている女性が多いですから、メイクやおしゃれ、若返りに関するテーマは興味があります。

次に介護に関することです。介護は「興味」ではなく、女性にとって切実な課題です。なかには、夫の親と自分の親と両方の介護をしているという方もいらっしゃいます。「がんばらない介護法」などのテーマが人気です。

3つめは夫との関係についてです。50〜60代といえば夫がもうすぐ定年になる、もしくは定年になったばかりで子どもも巣立ち、これから夫婦ふたりでどう向き合おうかを考えています。「自立した夫の育て方」や「戻ってくる、その人の名は『夫』」などというテーマで、夫とのこれからを考える内容にしたこともあります。

4つめは健康に関するテーマです。体操や運動であれば、せまいスペースでも気軽にできるヨガや気功が人気です。「健康」というテーマは万人に関係するものですが、年代や性別によって健康不安は変わってきます。このチラシでは「更年期」を取り上げました。

最後は葬送に関する内容です。

最近では「私らしいエンディング」などカタカナ語も認知され、エンディングノートの売れ行きも好調のようです。この5つのテーマをうまく組み合わせ、タイトルを「もうひとはな咲かせるための○○」にすることで、集客ができるようになると思います。

ウリを文章化しても読んでもらえない

126〜127ページは2009年に実施したセミナーのチラシです。担当者が最初に作ったチラシを見た私の第一印象は、「文字が多いなぁ」でした。そこで、いつものように企画のウリを質問したところ、担当者はスラスラと、しかも数多くウリを言うことができるのです。そして、「今話した内容はチラシに載せています」と中央の枠の部分を指しました。

確かにじっくり読むと書いてありますが、チラシ作りの基本は「読ませる」よりも「見せる（魅せる）」ことです。そこで私は、優先順位の高いウリを3つ、箇条書きにして中央に配置しました。最初のチラシでは「あなたの子育て経験を〜」というタイトル部分も大きくしました。タイトルの文字を妙に縦長にしているため、読みにくくなっています。パソコンでチラシを作るときには、フォントの形をいじって縦長にしたり、横長にしたりすることは極力避けるようにしましょう。結果として、このセミナーには25人の定員に対し59人の応募がありました。最初のチラシだとそこまでの応募はなかったのではないかと思います。

\ Before /

子育てサポーター養成セミナー
あなたの子育て経験をキャリアに変える

1/13(火) 1/19(月) 1/26(月) 時間 10:00～12:00
2/3(火) 2/9(月) 2/16(月)

悩まない子育て、逃げない子育てを支える笑顔の子育て、楽しむ子育てを応援する子育てサポーターになるためのセミナーです。
子育てが一段落し、再就職の準備をされたい方、お孫さん育てをなさる方、子育てママ・おばあちゃんのためのお役立ちセミナーです！

♪サポーターの声
・子どもたちが仲間の中で多くの成長を見せてくれることに感動！
・保育で学んだことが、わが子の子育てに生かすことができ、ラッキー！！
・仲間と生き方まで話せて感激。
・再就職の準備が出来てうれしい。
・子どもが幼稚園、学校に行っている間、充実した時間を過ごせてうれしい。

● 対　象　　子育て支援に関心のある方　資格は問いません
● 定　員　　25名　＊応募者多数の場合は抽選のなります。
　　　　　　保育はありません。育児サポートをご紹介します。
● 会　場　　大田区立男女平等推進センター「エセナおおた」（JR京浜東北線大森駅より徒歩8分）
● 申込み方法　裏面へ
● テキスト代　2000円
　　　（セミナー後も、子育て支援、子育てにお役立ちテキストですよ）
● お申込・お問い合わせ先　〒143-0016　大田区大森北4-16-4
　　　　　　　大田区男女平等推進センター「エセナおおた」
　　　　　　　電話　03－3766－4586
　　　　　　　FAX　03－5764－0604
　　　　　　　E-mail　escena@escenaota.jp
● 主　催　　大田区立男女平等推進センター「エセナおおた」
● 共　催　　大田区　　この事業はNPO法人男女共同参画おおたが区の補助を受けて実施しています。

After

子育てサポーター養成セミナー

あなたの子育て経験がキャリアに変わる！

保護者の方が、「悩まないで」「笑顔で」「楽しめる」子育てを応援するための講座です。この講座を修了後に大田区内の有償子育て団体をご紹介します。子育てが一段落し、再就職の準備をしたい方、あなたの子育て経験をぜひキャリアに変えてください！また子育て中の保護者の方にもこれからの育児が楽しくなる、目からウロコのお役立ちセミナーです！

- お仕事に繋がる！
- 子育ての最新事情が学べる！
- わが子の子育てに生かせる！

1月13日〜2月16日　全6回　月曜or火曜
10:00-12:00

- 対　　象　　子育て支援に関心のある方　資格は問いません
- 定　　員　　25名（応募者多数の場合は抽選）
　　　　　　　＊保育はありません。子どもを預かってくれる育児サポートをご紹介します。
- 会　　場　　大田区立男女平等推進センター「エセナおおた」
　　　　　　　（JR京浜東北線 大森駅より徒歩8分）
- テキスト代　2,000円（セミナー後も、子育て支援、自分の子育てに役立つテキストです）
- 申込方法　　E-Mail もしくはFAXでお申し込みください。詳細は裏面へ
- 申込締切　　2009年1月6日（火）必着

主催：大田区立男女平等推進センター「エセナおおた」　　共催：大田区
この事業はNPO法人男女共同参画おおたが区の補助を受けて実施しています。

対象者にとってのメリットを目立たせる

次ページはあるJAのチラシで、ファーマーズマーケットへの出店を促すために、生産者の方へご案内するチラシです。

最初のチラシというのは、文章の中でファーマーズマーケットのメリットを解説していますが、よっぽどタイトルに興味がないと読んでくれません。そこで、私が作り変えたチラシでは、「生産者の所得向上！」「商品の感想が直接聞ける！」「生産者の顔が見える安心感！」の3つを大きくデザインしました。この3つは対象者である生産者にとってのメリットであり、ウリになるのです。

また、「ファーマーズマーケットって何？」というような言葉の意味を質問するタイプのタイトルはやめたほうがよいでしょう。言葉の意味を教えてもらうために、わざわざ会場まで足を運んだりはしません。参加者が自分の時間を使ってまで「参加したい」もしくは「参加しなければ」と思うようなチラシを作る必要があります。そのためには、ファーマーズマーケットがどういうものなのか、質問形式にするのではなく、しっかり回答を出してあげたほうが行ってみたくなるものです。

作り変えたチラシでは「直売スタイルの儲かり市場」「生産者の皆様へ　耳寄り情報です」という魅力的な言葉を、チラシの上部にレイアウトしてみました。

ところで、私はチラシをすべてワード（マイクロソフト社）で作っていますが、特にタイトル

第二章 集客力アップ！ チラシ作りのツボ

▼ Before ▼

平成23年6月・開店予定
JAよこすか葉山・ファーマーズマーケット

「ファーマーズマーケット」って何？そんな疑問を解決

全国46店舗を成功に導いた農協専属アドバイザーの緒方修博先生が解説！
下記の日程で皆様をお待ちしております。是非！会場でお会いしましょう！！

日時　平成22年4月3日(土)
　　　午後2時開催
場所　本店・フローラ武山3階

高齢生産者・女性生産者等の小規模農家をはじめ、全生産者の所得向上・安定化さらに自給的農家から販売農家への移行、農地の荒廃化を防止することからも生産物を販売できる体制とする為、ファーマーズマーケットの運営を開始します。

▼ After ▼

生産者の皆様へ 耳寄り情報です

直売スタイルの儲かり市場

ファーマーズマーケットを
平成23年6月(予定)に 開店します

最近よく耳にする噂の「ファーマーズマーケット」の運営をJAよこすか葉山が来年から行います。小規模農家をはじめ全生産者の所得向上や安定化、自給的農家から販売農家への移行などの目的で、生産物を直で販売する体制を実行します。ファーマーズマーケットがどういうものか、ぜひ説明会にご参加ください

生産者の所得向上！
商品の感想が直接聞ける！
生産者の顔が見える安心感！

日時　平成22年4月 3日(土) 14:00〜
場所　本店・フローラ武山3階
解説者　緒方 修博 先生 (農協専属アドバイザー)
　　　　全国46店舗のファーマーズマーケットを成功に導いたカリスマアドバイザー

部分については、「ワードアート」という機能を使っています。このワードアートには予め装飾されている文字が30種類ほどあり、文字の形や大きさを自由に変えることができるため、タイトル作成には欠かせない機能です。ただし、30種類あるデザインが施されたスタイルをそのまま使用することはありません。

最初のチラシでは、デザインが異なるワードアートの見本のままを使用しているため、統一感もなければ影で見にくくなっています。私は元のデザインからフォントを変え、形状を変え、大きさを変えてオリジナルのスタイルを作ります。

目立つチラシを作りたいのであれば、既存のスタイルをそのまま使わないことです。確かに簡単に装飾文字が作れるのですが、既存のスタイルはみんながチラシで使っているため、ありふれているし、とても安っぽくなって目立ちません。特に影付きや立体の文字は読みづらいだけなので、チラシには使用しないほうがよいでしょう。

また、単に白抜きの枠だけの文字も目立ちません。白抜き文字はバックに黒を重ねることによって目立ってきます。「生産者の皆様へ」の部分は、オートシェイプとワードアートの文字を組み合わせて作成しています。

最初のチラシでは、素晴らしい経歴の緒方先生のことを載せていますが、同じフォントで同じ大きさで書いてあるので、よく読まないとつい見落としてしまいます。変更後のチラシは、日時や場所を並記し、「全国46店舗のファーマーズマーケットを成功に導いたカリスマアドバイザー」

チラシの雰囲気を変える効果

132〜133ページのチラシは、バレエ教室を主宰している私の友人から依頼されて、有料で作り変えたものです。

このバレエ教室の企画そのものが、非常に優れていました。対象者をしっかりママ限定にしている点、子どもを安心して預けることができる保育つきである点、最初の1時間はバレエを行いますが、残りの時間はママ同士で優雅にティータイムでの話が弾みます。共通の話題があると人は笑顔になれるのです。対象者を絞っているからこそティータイムでの話が弾みます。共通の話題があると人は笑顔になれるのです。

企画そのものもよいし、チラシもすっきりしているのに何を悩んでいるのかと思ったら、以前のチラシでこれまで集客ができていたが、回を重ねるごとに申込者が少しずつ減ってきているとのこと。思いきってチラシのデザインを変えたいという相談でした。

という魅力的なキャッチコピーをつけ、さらに枠で囲うことで情報整理をし、より目立たせることができました。

また、最初のチラシは写真を使っていますが、単色刷りの場合、濃い色の写真だと何の写真がよくわからない場合があります。単色の場合は、写真よりも輪郭がはっきりくっきりしたイラストを使ったほうがよいでしょう。

Before

保育付きでママも子どもも元気いっぱい！
やさしいバレエサロン
ラジオ体操から始める

大好評!! 春コース 4/1申込み開始！

ママの時間・子どもの時間を
大切に過ごす 癒しのひととき

ママは、バレエ＆ティーサロンで心と身体をリフレッシュ！
子どもは、仲間といっしょに楽しく遊んでハッピータイム！

ココロもカラダも幸せになる
スイーツ＆ハーブティーを
ご用意しています！

水コース　5/9・23　6/6・20・27　7/11

木コース　5/10・24　6/7・21・28　7/12

会場：こらぼ大森【大田区大森西2-16-2】　TEL 03-5753-6616
- ママのバレエクラス　10:00〜11:00　1階 多目的室
- すくすく保育ルーム　9:45〜11:45　1階 いろいろルーム
- ティータイムサロン　11:00〜11:45　2階 情報交流室Ⅱ

* 参加費　1回　1500円（レッスン・講座受講料、スイーツセット、保険料）
* 保育料　1回　1000円（2時間の保育料、おやつ代を含む）
  - ※保育料は、6回分をまとめて徴収いたします。欠席されても返金は致しかねます。
  - ※各コース初日は、保育オリエンテーション講座をティータイムに開講します。
* 対　象　満1歳〜未就園児までのお子様を子育て中のママ
* 定　員　各コース 15名 先着順
* 持ち物　伸縮性のある服装…ジャージやトレーニングウェアで大丈夫です。
  バレエシューズ…ヒールのない柔らかいルームシューズでもOK！
* お申込　裏面の申込書にご記入の上、FAXまたはE-mailでお送り下さい。

【本事業は、平成24年度大田区地域力応援基金助成事業（ステップアップ助成）で実施します】
主催：日本スポーツ文化創造協議会　協力：株式会社パジコ・子ども交流センター
共催：NPO法人ネットワークBear・NPO法人大森まちづくりカフェ・NPO人財育成研究所

After

気分は…ぷちバレリーナ
ママのためのやさしいバレエサロン

ママの時間・子どもの時間を
大切に過ごす 癒しのひととき

ママは、バレエで1時間汗を流したあと、残りの45分はハーブティ＆スイーツ付きのティーサロンでココロとカラダをリフレッシュ！お子ちゃまは、お友達と一緒に楽しく遊んでハッピータイム！

水曜日コース 🕐10時〜11時45分
5/9,23 ＊ 6/6,20,27 ＊ 7/11

木曜日コース 🕐10時〜11時45分
5/10,24 ＊ 6/7,21,28 ＊ 7/12

- 内　容：1時間のバレエレッスン後、ハーブティとスイーツでおしゃべりティータイムです。
- 会　場：こらぼ大森【大田区大森西2-16-2　TEL03-5753-6616】裏面地図参照
- 参加費：1回　1,500円（レッスン・講座受講料、スイーツセット、保険料込み）
- 保育料：1回　1,000円（9時45分〜2時間の保育料、おやつ代含む）
　　　　　＊保育料は、6回分まとめて徴収いたします。欠席されても返金は致しかねます。
- 対　象：満1歳〜未就園児までのお子さんを子育て中のママ
- 定　員：各コース15名（申込先着順）
- 持ち物：伸縮性のある服装…ジャージやトレーニングウェアで大丈夫です。
　　　　　バレエシューズ…ヒールのない柔らかいルームシューズでもOK！
- お申込：FAXまたはE-Mailにてお送りください。（詳細は裏面です）

OTA 地域力応援基金

【本事業は、平成24年度大田区地域力応援基金助成事業（ステップアップ助成）で実施します】
主催：日本スポーツ文化創造協議会　協力：NPO法人大森コラボレーション・子ども交流センター・株式会社パジコ
共催：NPO法人ネットワークBear・NPO法人大森まちづくりカフェ・NPO人財育成研究所・蓮根の会

集客できている間は同じチラシで十分ですが、応募者数にかげりが見えたらチラシを変化させたほうがよいでしょう。

そこで、現在子育て中の知り合いに「バレエ」のイメージを聞いてみたところ、「子どものころにずっと習いたいと思っていた」「バレリーナに憧れていたが、近所にバレエ教室がなかった」などがあがりました。確かに私の田舎にもバレエ教室などはまったくありませんでした。それでも友達とつま先立ちでバレリーナごっこをしていたことを思い出しました。

以前のチラシは「ラジオ体操から始めるやさしいバレエサロン」というタイトルで、ハードルを下げて気軽に参加できるようにしていますが、今度のチラシは新規顧客に訴える「子どものころ憧れたバレエ」をコンセプトに、おしゃれさを強調しようと考えました。「気分は…ぷちバレリーナ ママのためのやさしいバレエサロン」にしてリボンでタイトルを囲み、イラストはトーシューズとバレエダンサーの大人っぽいシルエットにしました。

チラシを変えたら、本当にまた集客できたそうです。今では口コミで広がり、チラシを配布する前に定員に達するそうです。

評判の企画であれば、口コミでどんどん広がるんですよね。

第三章

これだけは押さえたい！さらに集客力アップの肝

これまではチラシのレイアウトやタイトル、キャッチフレーズについて綴ってきました。ここからは、定員や講師の決め方をはじめとして、さらに集客するためのさまざまなテクニックやコツを説明していきます。

定員はどうやって決めるのか

セミナーなどの定員は、3つの要素から決めています。

1つめは会場の広さです。

2つめは費用対効果を考えた、私たち主催者の期待値です。これだけの費用をかけて行うのだから30人は来てほしい、などと考えます。有料の講座であれば、赤字にならないよう損益分岐点となる人数が出てくると思います。

そして3つめが、学習効果の高い人数がどのくらいか、です。これを踏まえて講師と打ち合わせします。具体的には、グループ作業や発表などを入れてほしいときの適正参加者数がどれくらいか、などです。しかし、講師から20人が適正だと言われても、費用対効果をもうちょっと人数を増やしてもらえないか、などと交渉をします。

会場の広さと主催者側の期待値と学習効果の高い人数、この3つを総合的に判断して定員を決めています。

全国を行脚していると、定員の設定も地域によってそれぞれだと気がつきます。人口2万人の町で、「定員1000人」の講演会を企画しているところもありました。人口の5％を定員にしていたのです。大田区だったら3万5000人も集めないといけません。それでもめったに会えない著名人が来るとなると、1000人集まるというから驚きです。

東京の場合は、常にどこかでイベントや講演会が行われており、ひと駅電車に乗れば隣の品川区で同じような講演が行われている場合もあります。いつでもいろいろなセミナーに参加もできます。競争が激しいために、集客に苦労をしている面もあります。

九州で講演を行ったとき、「人口が多い東京なのに、映画会や講演会で定員150人というのは少なすぎるのではないか」という質問があがりました。ほかの地域から比べると、そのように考えるのも無理はありません。

逆に横浜で講演を行ったときには、「150人という定員は多すぎませんか？」と、まったく逆の質問があがったことがあります。これは頻繁にイベントが行われている地域と、そうでない地域の定員に関する考え方の違いだと思います。

定員を設定する際には、前述した3つの要素を考えながら、さらに自身の住居地域にあった人数を設定するよう心がけてください。

先着順ではなく、抽選にする

人集めができなかったときには「申込先着順」にしていましたが、人気講座を企画できるようになってから、「申込先着順」のすべての講座は「抽選」に変えました。理由は、申込先着順だとリピーターばかりになってしまうからです。リピーターの存在は大切ですが、リピータープラス新規の参加が必要です。学習を深めてもらうためには、リピーターの存在て、抽選にしているのです。ただ、抽選にしているのは人数が限られている講座の場合だけで、定員が100人以上の場合の講演会や映画上映会は、今でも申込先着順にしています。

お祭りなどでない限り、セミナーや講演会で、当日先着順は避けたほうがよいでしょう。当日まで参加人数が把握できないのは、主催者にとってつらいものです。また、参加者にとっても遠くから来たのに満席で入場できなかったのでは、がっかりしてしまいます。

以前、「当日先着順」で人気映画の上映会を行ったとき、「何時間前から並べば入れますか？」という問い合わせが数多くあり、当日は入場の3時間以上前から並んでいた方がいました。それからは当日先着順はやめて、申込先着順にしています。

申込先着順か抽選かで、締切日を書くか書かないかが、変わってきます。抽選の場合は、締切日を当然設定します。締め切り後に抽選を行い、申込者に当選、落選のお知らせをするため余裕をもった日程設定が必要になります。

ポスターとチラシの違い

一方、申込先着順の場合は、原則締切日は設けず「定員になり次第締め切ります」のほうがよいでしょう。その理由は、定員に達していない場合、締切日以降にチラシを見た方は、締め切りが過ぎているため申し込みをあきらめてしまうかもしれないからです。

申込先着順の場合でも、有名人の講演会や人気の映画上映会など申し込みが殺到するような場合には、申込開始日を設定することをおススメします。広報はチラシだけではなく、ホームページやメールマガジン、「市政だより」などがあります。市民が目に触れる広報に掲載後に申し込みを開始するほうが公平です。

ポスターとチラシは、同じではありません。その違いを理解した上で作成するとよりよいものができるでしょう。大きな違いは、「ポスターは1枚貼ってあるもの」「チラシは数多く置いてあるもの」という点です。その違いを理解すると、さらに4つの違いがわかります。

❶ **ポスターは貼っているのを見るだけ。チラシは持ち帰りが可能**

❷ **チラシは表も裏も情報を載せられるが、ポスターは表だけしか使えない！**

❸ ポスターは全面見せられるが、チラシは上半分が勝負！

（たいていのチラシラックは、チラシの上の部分だけが見えるように重なっています）

❹ チラシはA4、縦置きが原則。ポスターは大きさ自由、縦でも横でも可能

（たいていのチラシラックは、A4サイズで縦置きのチラシ用で作られています）

この違いを踏まえると、ポスターはチラシ以上に立ち止まらせる力があり、インパクトが大きいものにしたほうがいい、ということがわかります。ほとんどのポスターは、チラシを拡大コピーしたものため、縦位置のものが多いです。

しかし、縦位置のポスターの中で1つだけ横位置のものがあると、それだけでほかとの差別化が図れて目立ちます。私が作るポスターは常に横位置です。

チラシには、上部に大きな文字でタイトルをレイアウトするとよいですが、全面を見せることができるポスターは、タイトルの場所を選びません。上でも中央でもかまいません。そして、ポスターに多くの文字を詰め込みすぎると読んでくれないため、詳細は省いて最低限必要な内容を入れるようにしましょう。

私がチラシをポスターに変える場合に、まず削除する情報は地図です。地図は手元にあればそれを見て目的地までたどり着けますが、ポスターは持ち帰ることができないため、地図が載っていても、あまり意味がないと思っています。若い方向けのポスターなら、QRコードを載せて地

図にアクセスできるようにしてもよいでしょう。ポスターとして優先順位の低い情報は入れないようにします。必要最低限の情報とは、「何をするのか」「いつ行うのか」「どこで行うのか」の3点です。紙面の関係上、詳細情報が載せられないような場合は、問い合わせ先を大きく載せるよう心がけましょう。

上司を説得する力を身につける

これは私が研修講師として招かれたときに聞いた、東北の保健師さんの話です。前年に私の講演を聞いて一念発起し、タイトルやチラシのレイアウトをがらっと変えてみたそうです。

これまでは、「うつ病について考える」などのストレートなタイトルを前面に出したタイトルにしていましたが、集客ができなかったとのこと。そこで、目的は同じでも「快適な睡眠」を前面に出したタイトルにしました。うつ病で睡眠障害になる人が多いことと、快適な睡眠は、多くの人にとってニーズがあるテーマだからです。

そのときのいちばんの壁は、企画でもキャッチコピーでもなく、「上司の理解」だったそうです。確かに、たとえ集客できなかったとしても、前年度踏襲型は上司にとっては楽ですから。楽ではありますが、目的は達成できていません。その保健師さんは、それでも「一度やらせてほしい」

とあきらめずにしつこく懇願し、なんとか上司を説得し、その講演会は実施できたそうです。その結果、その保健センター始まって以来の参加人数となるほど、集客できたそうです。駐車場は満車になる、資料は増し刷りに、スリッパが足りずに隣の施設に借りにいく……。文字どおり「うれしい悲鳴」だったそうです。

既存の枠組みを超えて発想の転換を図るためには、「よし、やってみろ」と言ってくれる上司の心意気がほしいものです。でも、たった一度の説明で上司に「ダメ」と言われたくらいで、あきらめないでください。結果的に人が集まれば、反対していた周りも、もちろん上司も何も言わなくなります。堂々とそのやり方を通すことができます。

最初は壁は厚くて高いですが、突き抜けた瞬間は喜びに変わります。だからこそ、あきらめずに上司を説得してください。企画力や広報力に加え、「上司を説得する力」を身につけることは、とても大事です。

まずは、上司に私の講座を受けてもらうことから始めてみてはどうでしょうか？

企画は複数で考えたほうが、アイデアはふくらむ

「エセナおおた」では、14人の事業担当者が全員揃う会議で企画を決定します。担当者が企画案を提出し、それをもとに協議していきます。男女共同参画社会を実現するという共通のミッショ

ンがあるため、出る意見は容赦ありません。もちろん、私が出した企画やタイトルにもダメ出しはあります。

さまざまな経験と知識がある人が集まれば、それだけアイデアも集まります。それがよりよい企画ができるポイントだと思っています。

また、せっかく担当者が考えた企画だから意見を言うのはかわいそう、と思うのはまちがっていると思っています。目的を達成するために時間をかけて企画を考え、どういう広報をしようかと思っているのですから、より効果的に目的が達成できる方法を組織で考えていく必要があると思っています。

そして会議において全員で決定した企画で、目的が達成できなかった場合は、担当者の責任ではなく、組織の責任です。組織で責任をとる覚悟が必要です。担当者の責任にしてしまうと、前年度踏襲型から抜け出せないのは当然です。

さらに会議で話し合いをする場合は、多数決よりも参加してほしいターゲットにもっとも近い年齢のスタッフの意見を尊重するよう、心がけたほうがよいです。ニーズをわかっているし、言葉の感覚だって異なりますから、ターゲットに響くフレーズもわかっています。

だからこそ、企画会議には老若男女、年齢や経験が異なる人がいるほうが、よりよい企画ができます。

セミナー後のアンケート分析をしっかり行う

セミナー終了後は、受講者がどう感じたかを分析する必要があります。分析する方法の1つにアンケートがあり、分析するには回収率100％をめざしたほうがよいです。回収率を上げるための簡単な方法は、セミナーの時間内でアンケートを書いてもらえばよいのです。10〜12時までの午前中のセミナーであれば、講師に11時55分に終了するよう事前に依頼をしておきます。残りの5分間でアンケートを書くための時間を設けます。講座の時間内にアンケートを書く時間を設けられれば、受講者は書かざるを得ないですから。

アンケートの設問で5段階評価の選択肢は、あまりおススメしません。5段階評価の真ん中である「普通」や「どちらともない」は、評価のしようがありません。受講者は、セミナー時間が長くて疲れていています。アンケートの設問が多く、しかも設問が長いと、あまり読まずに「普通」にマルをつける人が多くなります。

セミナー時間とアンケートに載せる文字数は、反比例させたほうがよいというのが私の考え方です。セミナー時間が長い場合は、自由筆記欄を多くしたほうがよいと思います。疲れているから書いてくれないかも、と思うのはまちがいです。自由に書いてもらいましょう。講座の満足度に比例して、自由筆記欄の文字数も増えるというのが私の持論です。

講師を選ぶとき

私たちが講師を選ぶ場合、必ず一度どこかの地域でその講師が登壇しているセミナーを受講してから決めます。

以前は、本をたくさん出版しているからなどという理由で講師選定をしていたこともありました。しかし、本を数多く出版しているからといって、しゃべりがうまいとは限らないことに気づき、それからというもの講師は自分の足で探すようになりました。大阪や名古屋ぐらいまでであれば、自費で聞きに行っています。

セミナーで話を聞いたことがある講師であれば、講師交渉はとてもスムーズです。「あのとき聞いた、あの話をしてください」で終わります。また、「名古屋の講演に行きました」と言うだけで熱意を伝えることができ、快諾してくださる可能性は高まります。大人数を集めなければならない講演会では知名度は必要ですが、30人規模の講座の場合には、講師の知名度よりも内容や私たちの趣旨を理解しているかを重視しています。

「エセナおおた」には、さまざまなセミナーを実施していることを聞きつけた方が、「私を講師として使ってください」とやって来ます。リタイアした男性の方や起業された女性の方、資格をとったからこれから講師として活動したいと思っている方々などさまざまです。そのたびに、男女共同参画の実現という事業の目的を説明します。また、私どもの講師選定は、実際にどこかの

センターでその方の講座を聞いてから決めている点を説明します。「講師になりたい」という思いだけで仕事ができるほど、甘いものではありません。

それでも講師希望の方が後を絶たないため、とうとう2008年に「講師オーディション」を実施しました。事前説明会には74名の方が参加されました。この事前説明会でも男女共同参画についてみっちり話をしました。講師が男女共同参画について理解をしていないと、「エセナおおた」での講師は勤まらないことを説明しました。

説明会後のアンケートでは、「エセナおおた」へはじめて来たという方が9割でした。感想としては、「男女共同参画がどんなことなのか、今までわからなかった」という方が8割程度。「事前説明会を受けることで、男女共同参画とはどういうことなのか、理解を深めるよいきっかけになった、気づきを得た」という意見が8割程度ありました。また、「男女共同参画を身近な問題として捉えることができた」という方や、「知らないうちに自分も差別をしていたということに気づいた」という感想がありました。アンケート結果からは、男女共同参画の考え方に批判的な方はほとんどなく、説明会に参加して、とても大切な視点であると感じた方がほとんどでした。オーディションで講師を探したいというよりも、講師を志す方々に少しでも男女共同参画の視点を持ってもらいたいというのが本音です。しかしこの趣旨はしっかり伝わったようです。

結果的にオーディションに応募し、面接をした方は45人！ 全員に面接をし、模擬講義も行ってもらい、最終的に2人の合格者が出ました。その年度の講座の講師としてデビューを果たしま

| 第三章 | これだけは押さえたい！ さらに集客力アップの肝

講師デビュー応援プロジェクト
講師オーディション

「エセナおおた」は女性の能力開発や女性の健康、男性の生き方などを考えるための男女共同参画に関する講座を年間で行なっています。そこで今年は、趣味や特技をいかして、「エセナおおた」の講座で講師をしていただける方を選考する「講師オーディション」を開催します。オーディションを受けたい方は必ず事前説明会には出席ください。事前説明会に出席することがオーディション参加の条件です。得意分野で講師デビューをしませんか？

講師オーディション事前説明会
4月17日（木）
① 14:00～15:30
② 19:00～20:30
＊①か②のどちらかに出席してください。

● 会場：大田区立男女平等推進センター
　　　　「エセナおおた」1階　会議室
　　　　（地図は裏面）
● 申込：事前申込は不要です。直接会場にお越しください。
● 定員：①、②ともに30人

イラスト/Yumi Sashida

★オーディション本番日は4月28日（月）です★

● オーディション参加にあたっては事前説明会の参加が必須です。
　説明会時にエントリーシートに記入をしていただきます。

この事業はNPO法人男女共同参画おおたが区の補助を受けて実施しています。

した。数多くの応募者の中から勝ち残っただけあって、2人とも素晴らしい方で、今でも各地で講師として活躍なさっています。

1人でも多く集客するために（Q&A）

ここからは、これまで私が依頼された研修や講演会で質問された内容を中心に答えていきます。

Q チラシの色は何色が目立ちますか？

A インクが黒であれば、黒と反転する黄色（クリーム色）のチラシが目立ちます。反転する色だからといって、白い用紙は目立ちませんので、避けたほうがよいです。

また、黄色が目立つからといってみんなが黄色のチラシを作ると、逆に目立たなくなります。その場合は、ほかのチラシよりも目立つ色や、ほかが使っていない色の紙を使うことも必要です。

Q 講師の写真を入れるのは効果的ですか？

A テレビに出ている有名人などは、チラシの表に顔写真を載せたほうが効果的です。名前は知らなくても顔は見たことがあるなど、有名人の顔を見るために講演に行く人もいます。

また、有名人ではなく通常の講座で依頼する講師でも、効果的な場合があります。それは、

第三章 これだけは押さえたい！ さらに集客力アップの肝

Q 1日中行うお祭りなど、対象者が絞れないイベントのチラシはどうすればよいですか？

A 若い人向けや中高年向けなど、対象者ごとに2種類のチラシを作ることをおススメします。チラシで使う文字の大きさやフォントも変わってきますし、人気のあるイベントや店も違ってきます。

たとえばお祭りの場合、若いファミリーだと食べ物系の模擬店が一番人気ですが、中高年だとバザーが一番人気です。人気のものをできるだけ大きい文字で目立つようにチラシに書きます。ちなみに若い人は「フリーマーケット」ですが、中高年は「バザー」と書くほうが理解できます。対象者によって言葉づかいも変わります。

費用の関係で2種類もチラシを作ることができないということであれば、今年はどういうターゲットに来てほしいかを考えて作りましょう。毎年高齢者が多いため、今年は若い人の

受講者と年齢が近い講師や、見た目が受講者にとってあこがれる存在と思われるようなときです。ただし、その写真はとびっきり素敵な写真だとよいでしょう。

対象者と年齢が離れすぎていたり、コワモテの写真だと逆効果になるので、その場合は写真を載せないほうがよいでしょう。

Q　どのくらい前から広報を開始すれば効果的ですか？

A　いろいろと試してみた結果、セミナー開始日の1か月半前くらいに宣伝を始めるのが適当です。2か月前だとちょっと早すぎで、参加者が申し込んだこと自体を忘れてしまいます。逆に1か月以内だと宣伝期間が短いため、広報が行き届かない可能性もあります。

Q　チラシに入れるのは写真とイラスト、どちらが効果的ですか？

A　写真もイラストもどちらも効果的です。選択する際のポイントは、印刷機の機能で決めるということです。「エセナおおた」のチラシは職場にある輪転機を使って印刷をしています。輪転機はきめが粗いため、写真を印刷しようとするとあまりキレイに印刷されません。そのため、輪郭がはっきりした濃淡のあるイラストを選んでいます。写真がキレイに印刷される高機能の印刷機や、印刷会社に依頼するということであれば、写真をチラシに載せると見栄えのよいものができます。

参加を増やしたいということであれば、子どもが小さいファミリーが好むようなチラシを作ろう、など考えるとよいと思います。

| 第三章 | これだけは押さえたい！　さらに集客力アップの肝

Q　今考えている講座のタイトルが思い浮かばないのですが、何かいいタイトルはないですか？

A　私はコピーライターではないため、すぐによいタイトルは思いつきません。企画した講座のタイトルは、じっくり時間をかけて作っています。日ごろからいろいろな雑誌を見たり、ポスターや看板を見て、参考になる単語はメモをしています。こうして、これまでストックしておいた単語を組み合わせてタイトルを考えています。申し訳ないですが、「今すぐ」には思いつきません。

タイトルやキャッチコピーは限られた言葉の組み合わせなので、ご自身で考えたほうがよいものができると思います。どうしても私に頼みたいということであれば、1か月ぐらい時間をいただいたら考えますが……ただし、有料です。

Q　連続講座を企画したいのですが、参加者がだんだん減るのが怖くて企画ができません。連続講座を企画するときのアドバイスをお願いします。

A　連続講座で重要視しなければならないのが、初回です。初回が楽しい、ためになったと思ってもらえれば、2回めからも参加してくれます。初回は講義を入れずに、すべてオリ

エンテーションの時間にしてもよいぐらいです。「エセナおおた」では、初回で自己紹介や受講動機をしゃべってもらったり、アイスブレイクを通して緊張をほぐしたり、できるだけ仲間づくりができるようなプログラムにしています。受講動機で上位にランキングされるのが、「友達ができるかも」です。

ただし、この「友達ができるかも」という受講動機は、対象者を絞っているからこそ答えられるものだということを忘れないでください。

Q チラシはどんなソフトを使って作っていますか？

A

私はすべてマイクロソフト社のワードを使っています。もっと簡単なチラシが作成できるソフトは存在しますが、チラシは大勢のスタッフが作れることで、デザインの幅が広がります。特定の人のパソコンにしかインストールされていないソフトや、特定の人しか使えないソフトだとチラシを作る人が限られてきて、デザインもマンネリ化してしまいます。だからこそ誰のパソコンにも入っていて、誰でも作ることができるワードをおススメしています。ワードはとってもかしこいソフトなので、使い方によってはすごいチラシが作れるのです。ワードの技を駆使して使いこなせるようになれば、チラシの効果が上がりますよ！

> **Q 手書きのチラシは手にとってもらえるのでしょうか？ 私はアナログ人間で、チラシは手書きで作っています。**

A 今はほとんどの方がパソコンでチラシを作っていますので、かえって手書きのチラシは目立ちます。手書きで見栄えのするチラシを作ることができるのであれば、手書きをおススメします。

ただ、ターゲットが読みやすい字体や大きさの工夫は必要です。ほかのチラシとの差別化を図るためにも、どんどん手書きチラシを作ってください。

このように、研修や講演会ではさまざまな質問があがります。どれもほかの方もぜひ聞いてみたいと思うような質問ばかりです。特に私が講演で言い忘れたことを質問されると、本当にありがたく感じます。大勢の前で質問をするのは勇気がいることですが、これからもいろんな質問を待っています。

ひと目でわかる チラシ作りのポイント

1 タイトルは、上3分の1に目立つように配置する

2 対象者が知りたい情報を目立たせる。「何を」「いつ」「どこで」

3 タイトルで目立たせるのは主催者のゴールではなく参加者のゴール。ゴールを見誤らないこと

4 読ませるチラシよりも、見せる(魅せる)チラシを作る。内容がビジュアルでわかりやすいイラストや写真を入れる

5 認知率の低いカタカナ語や専門用語は、タイトルに使用しないこと

6 対象者によって、文字の大きさ、言葉づかい、広報媒体、申込方法が異なることを理解すること

7 企画のウリや参加者のメリットが目立っているか、チラシ完成後に自問自答する

8 ワードの技術を磨く(ちょっとしたテクニックでチラシは見違える)

ひと目でわかる 企画・運営のポイント

1. 対象者を徹底的に絞って企画を立てること

2. 対象者を絞れば、対象者に合わせて日時、回数、期間、間隔を決定していく

3. 対象者に響くキャッチコピーを作るために言葉を磨く努力を怠らない

4. 1人で考えるより、複数人で相談しながら企画することで、アイデアがふくらむ

5. ターゲットに年齢が近い同僚の意見に耳を傾ける

6. ミッションを共有している組織であれば、企画は組織で決定し、組織で責任をとる

7. 出席率を保つ工夫をする

8. アンケート結果をしっかり分析する

あとがき

専業主婦時代の2003年に、ボランティアスタッフとして「エセナおおた」に通い始め、たまたま講座を企画する担当になってしまったのが、今の私の原点です。あれから10年がたち、試行錯誤を繰り返しながら、仲間とともに集客のコツをつかめるようになり、その集大成としてこの本をまとめることができたことを嬉しく感じています。

この本には、これまで講演会で話をしてきたすべての内容が網羅されています。今までの私のウリは「本よりも絶対にライブ！」だったのです。私の講演は、パワーポイントなど使いません。会場が暗くなると眠気を誘うだけですから、しゃべりに自信があるうちは映像ではなく、私の話術とホワイトボードで、眠らせない講演会を心がけてきました。だからこそ、まずはライブで私の話を聞いてほしいと言っていました。「生の話を聞いてから本を読んだほうが、より身につきますよ」と豪語していました。

しかし、今回の本ですべて書きつくしてしまったので、これからは「本書を読めばすべてがわかります」と言わざるをえません。ライブの私はしゃべりたいことがたく

さんありすぎるため、つい早口になり、「早口で書きとめることができず、残念」とアンケートで書かれていましたが、本書を読めば大丈夫です。それだけ多くの情報を載せています。

地域活動やボランティアの経験を積むことを「社会的キャリア」と最近では呼びます。私はまさに、その社会的キャリアが経済的活動に繋がった、ラッキーガール（？）です。ボランティアから始めた活動からNPO法人の立ち上げに加わり、「エセナおおた」の常勤職員となり、セミナーになんとか人を集めようと努力した結果、講演依頼が舞い込むようになりました。

当初の私の口癖は、「講演依頼なんてもって半年よ」でした。一度私の話を聞けばそれで十分だろうと思っていたのですが、毎年依頼される自治体もあり、「講座を受けたら、本当に行列ができた」と噂を聞きつけた近隣の自治体が芋づる式に依頼するというラッキースパイラルに。半年でなくなるどころか毎年増えて、今では日程や予算の関係でお断りをせざるをえなくなっているほどです。さらにワードによるチラシ作りに特化したパソコン講座を企画したらそれがまた大ヒット！　DVDまで出してしまいました。私の経験が誰かの役に立っていることがとても嬉しく感じ、今はとても充実した毎日を送っています。

家族以外の誰かの役に立っている充実感と、自分の世界を広げ、人生の選択肢を増

やすために、特に女性には経済活動をおススメします。私の経験を話すことで誰かがハッピーになるのは、嬉しい限りです。違う地域でも、人口が少なくても、目的が違っても、「受講したことを参考に実行してみたら、本当にセミナーに行列ができました」というお礼の手紙やメールをもらうと、本当に嬉しく思います。まだまだ求められているうちは、日本中どこまでも行こうと思っています。

そして、「エセナおおた」のセンター長、NPO法人男女共同参画おおたの理事長でもあるのに、私は年間150日も講演のために出張をしていて、職場にいません。それでも滞りなく「エセナおおた」は運営されています。それはわがNPO法人の理事のおかげですし、副センター長、常勤職員はじめスタッフのおかげです。

本書で紹介したチラシのうち、スタッフが作成したチラシも数多くあります。現在私は平均2日に1回、どこかで講演をしていますので、「エセナおおた」の講座の企画もチラシ作成も、実はほとんどしていません。私以外のスタッフが企画して、チラシを作成し、行列ができています。コツさえつかめば、誰にでもできるのではないかと思っています。

大田区の税金で事業を行っているため、私たちは常に「定員割れの講座は税金の無駄づかいになる」「手にとってもらえないチラシは資源の無駄づかいになる」を合い

言葉にがんばってきました。確かにそのことは忘れてはいませんが、それ以上に自分が企画した講座に数多くの申し込みがあり、講師も素晴らしい方で、アンケートの満足度も高かったら、単純に嬉しいと思います。そして自分自身のモチベーションが上がり、「次の講座はもっとよいものにしよう」と思います。

成功体験はクセになるんです。わがスタッフはそのことを知っています。だからよい企画を立てる努力を怠りません。

手にとってもらえるチラシを作り、セミナーに行列ができるためには、対象者を絞ることやタイトルの工夫は必要です。しかし、それよりももっと必要なことは「担当者の熱意と努力」、これしかありません。これは前著でも書きましたが、今でもより強く感じます。

アンテナを高くして、ニーズを拾い、言葉を磨き、対象者の抱える課題を探るなどの努力の結果、企画を立てることができるようになります。企画が決まれば1人でも参加者を集めようと行動する熱意が重要です。「エセナおおた」でも、講座初日の前日にようやく定員に達したという経験は何度もしています。

よい企画であれば最後まであきらめないことです。成功するまでやり続ければ、必ず成功します。成功したらその体験をクセにして、もっとよいものを作っていってください。

坂田静香(さかた・しずか)

1967年生まれ。福岡県出身。NPO法人男女共同参画おおた理事長。女性向け創業支援施設「パシオンTOKYO」センター長。2003年から都内の公共施設の講座企画運営に携わる。1年目に企画した講座のほとんどが定員割れだったため、なぜ講座に人が集まらないのかを徹底的に分析し、新たな発想で臨んだ結果、04年度から企画した講座のほとんどが定員オーバーとなり、平均応募率が300％を超えた。現在「人が集まる企画とチラシの作り方」「思わず手にとるチラシのワードテクニック」などをテーマに北海道から沖縄まで年間150か所以上の講演をこなしている。著書に『人が集まる！行列ができる！講座、イベントの作り方』(講談社＋α新書)。

実例でよくわかる！
人が集まるチラシの作り方

2013年11月1日　第1版発行
2019年12月1日　第6版発行

著　者　坂田静香
発行者　関口　聡
発行所　一般社団法人 家の光協会
　　　　〒162-8448 東京都新宿区市谷船河原町11
　　　　電話 03-3266-9029(販売)
　　　　　　 03-3266-9028(編集)
　　　　振替 00150-1-4724
印刷・製本　図書印刷株式会社

落丁・乱丁本はお取り替えいたします。定価はカバーに表示してあります。
©Shizuka Sakata 2013 Printed in Japan
ISBN978-4-259-54747-9 C0063